# 運の強さはすべてノリ〈宣言〉で決まる！

100倍速で夢がかなう 全開パワー開運法

Yasuto Aihara
相原康人

青春出版社

あ〜　なんでボクってこんなに運が悪いのかなぁ

うほん、
わしが教えてやろう！

「うわっ!? びっくりした! ……ってか誰ですか?」

**「誰ですか〜じゃないわい! 神様じゃよ!**
**おまえが困ってそうじゃから、来てやったんじゃ」**

「神様だったら、ボクに運を恵んでくださいよ〜」

**「ほう、なんでじゃ?**
**運が良くなってどうなりたいんじゃ?」**

「えーっと、お金持ちになって、女の子にもモテて、
おいしいもの食べて、オシャレな家で、毎日おだやかに暮らしたい!
仕事で怒られたり、人間関係で悩むのは、もうイヤなんだよ〜」

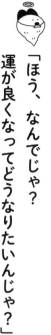

「あほたれ！
おまえみたいな自分勝手なやつに、
運気は恵んでやれんわい！
いいか？　運気ってのは、エネルギーの流れじゃ。
みんなの気（＝エネルギー）が世の中をぐるぐる循環して
おまえさんのとこに運ばれてくるんじゃ。
どういうことか、わかるかね!?
自分のことばーっかり考えとるおまえさんのとこには
幸運の波はやって来ないってことじゃよ。
はーい、ご愁傷《しゅうしょう》様でーす」

「なんだよ！　ひどいよ、神様のくせに！
だったらさ、どうしたら運が良くなるの？
教えてよ。ねぇねぇ、早く！」

ででん
人生はノリで決まる！
これが神様のルールなのじゃ！

じつは、運の波に乗るイチバンの秘訣は
〝ノリのいい人になる〟ということなのじゃ。
運のいい人は、みんなこのことを知っておる。
しかし、気づかぬうちにやっているから、
誰もその方法を教えてくれないんじゃよ。

ノ、ノリですかぁ……

「あー！　おまえさん、今、ちょっと引いたじゃろ？
そんなんで変わるのかなぁ……とか思ったじゃろ!!」

（どきっ……）

「あー！　もう、ノリ悪っ！
この〝ノリ〟にはすごい秘密が隠されておるのに。
いいよいいよ、興味ないやつには教えてやらないから。
あーもったいない。せっかくスゴイ方法なのになぁ〜」

「やっぱり知りたい！　教えてくださいよ！」

「いいか？　いくら人間のちいこい頭で考えたって正解なんて
わからないんじゃから。開運したけりゃ、まずはやってみる
ことが大事なんじゃ。波にノッてみることじゃ！
あとはこの本を、しっかり読むんじゃよ！」

# はじめに

はじめまして、占い師の相原康人《やすと》です。

突然ですが、あなたは今、〝開運〟していますか？

「いやぁ、最近、ツイてないんだよね」という人も、「絶好調！」という人も、改めて質問です。

あなたはみんなから〝応援〟されていますか？

「応援されてないな……」って感じているとしたら、いくらお金持ちでも、成功していても、〝開運している〟とはいえません。

運がいい人は、まわりのみんなから〝人気《にんき》がある〟人です。身近にいる、家族、友だち、恋人、仕事仲間、上司、お客さん……から応援されている。だから、運気がめぐってきて、うれしいことが次々に起こるのです。

ねっ、そう考えると、〝開運〟って、得体《えたい》のしれないものではなくて、すごく単純なことのように思えてきませんか？　だって要は、みんなから応援される人になればいいのですから！

応援される人と、応援されない人との違いは、とってもシンプルです。**応援される人は、みんなが思わず応援したくなるような〝願い（目標）〟に向かって、生きているのです。逆に、「自分がいちばんかわいい」って人は、なかなか応援されにくいですよね。**

さて、偉そうなことを言ってきましたが、わたし自身、数年前まで、まさに自分のことにしか興味のない人間でした。

金持ちになって、理想の女性と結婚して、働かず自由に暮らしたい。そんなことばかり願っていました。

それに加えて、目に見えるものしか信じない、バリバリの現実主義者だったのです。

占いとか、スピリチュアルとか、そんなの〝まやかし〟だろ？

そんなんで幸せになれたら、苦労しないよ、とすら思っていました。

でも、そんなわたしが、今や占い師となって、人様に幸せとはなんたるかを説くようになったのですから、人生って、何が起こるかわかりません。
どうして、そんな激変が起きたのか？
そりゃもう、変わらざるを得ないくらい、すごい人物に出会ってしまったからです。

**その人物こそ、わたしの人生の師である北極老人です。**

忘れもしない、２０１６年12月24日のクリスマスイブ。
ちょうど、妻の誕生日でもあるその日に、わたしたち夫婦は初めて北極老人にお会いしました。
もともと、北極老人の弟子の一人である（今ではわたしの兄弟子《あにでし》にあたる）占い師の羽賀ヒカルさんから、北極老人のことは聞いていました。
なんでも、北極老人は、
子どもの頃から、数え切れないほどの神秘体験を重ね、
大学受験では、全教科で全国模試一位を総ナメにして、

その後、全国を放浪して、古今東西《ここんとうざい》のあらゆる学問を極めて、
おまけに料理は、三ツ星レストランのシェフが舌を巻くほどの腕前で、
とにかく、とんでもない人物なのだと。

一体、どんな人かな？　仙人みたいなのかな？　あれこれ想像をめぐらしました。でも、わたしの想像は、見事に裏切られたのです。もちろん良い意味で。

それまで、自分が出会ってきた、いわゆる成功者（政治家、芸能人、大企業の社長……）は、いかにも「オレは普通の人とは違うんだぜ」という、近づきがたいオーラを放っていました。

でも、北極老人は、その対極にあったのです。

まるで〝水〟のように自然体でとても気さくで、あたたかい雰囲気で……、わたしはそこにいるだけで安心に包まれたのです。

あぁ、この人は、わたしたち夫婦の幸せ、みんなの幸せを、まるで自分のことのように願ってくれているんだ……。その空気感からそう伝わってきたのです。

わたしは、自分のことばかり考えていることが、恥ずかしくなりました。
そして、北極老人みたいに**「みんなの幸せを願える人間になりたい」**と、心から思えたのです。

その日から、わたしのなかにある〝願い〟の質が、ガラッと変わりました。
すると、いつの間にかまわりの人から応援されるようになり、さまざまな偶然にも後押しされて、まるで導かれるように人生の流れも変わっていきました。
そして、なんと北極老人から、占いを伝授してもらえることになったのです。

以来、わたしは北極流の占い師として、たくさんの方のご相談に乗らせていただき、その方たちの人生が変わる場面を、目の前で見てきました。

本書では、北極老人より教わった、開運の秘訣を明かします。
その秘訣は一言で、ずばり**「ノリのいい人になる」**ということです。

「なんだよ！　さんざん大げさなこと言っといて、そんなことか」とは思わないでくださいね。ここで言う「ノリ」は、あなたの想像する「ノリ」とは、きっと違います。

「ノリ」という言葉には、大きく分けて、この2つの意味があります。

**1「乗《の》り」＝流れに乗る！**

**2「宣《の》り」＝宣言する！**

一つめの「乗り」は、いわゆる、「あの人って、ノリがいいよね」の、「ノリ」です。

なぜ、ノリが大事なのか？

まず、ノリがいい人のほうが、男女ともに、100％モテます。
上司からも可愛《かわい》がられますし、部下にも慕《した》われます。
会話も盛り上がって、人気者になります。
初対面の人とも仲良くなれるし、出会いのきっかけも増えるでしょう。

そして、もう一つ、忘れてはならないことがあります。

それが、2つめの意味の「ノリ＝宣《の》り」です。

「宣る」とはそもそも、「重大な言葉を口にすること」をいいます。

「祈る」という言葉も、「意宣《いの》る」からきていて、自分の〝意志〟を、神様、仏様に向けて〝宣言する〟という意味があります。

**言葉には、目に見えない〝流れ〟を呼び込む力があるのです。**

そして、「ノリでやっちゃえ！」という勢いを借りることで、マジメに考えたら、何千時間、何万時間、考えても、**絶対に乗ることのできない運気の流れに、いっきに乗ることができるのです。**

その流れの先には、「予想もしなかった！」「まさかこんな展開になるなんて！」「常識じゃありえない！」「奇跡としか思えない！」という未来が、あなたを待っています。

人生、一期一会《いちごいちえ》です。同じチャンスは二度と訪れません。ですから、その瞬間に「乗れるか、乗れないか」によって、後の人生が180度、まるっきり変わります。

本書の特徴は、あれやこれやと実践しなくても、読むだけで、運がいい人の考え方が身につくことです（わたし自身、めんどくさがり屋な性格なので、手軽さを大事にしました。笑）。

ですから、「本を読んでも、いつもなにもせずに終わってしまうんだよね」という方も、安心して、読み進めてみてください。

今は、不安が渦巻く時代です。先が見えないからと、守りに入ってしまっている方が、多いかもしれません。けれど、そんな時代だからこそ、生き方を見直すチャンスともいえます。

この大きな荒波に、乗らない手はありません！
今日からノリノリで、あなたの開運人生を始めましょう！

相原康人

もくじ

## 第3章 幸運の波を呼びこむ エネルギー循環の法則



## 第4章 無限のパワーに応援される 願いの立て方

## 第5章 六龍占いでわかる最強開運宣言



カバー&本文イラスト／くにともゆかり
本文デザイン／ＭＥ&ＭＩＲＡＣＯ（清水真子）
ＤＴＰ／システムタンク（白石知美）

# 第1章

# 100倍速で開運するノリの法則

# ２０００年ぶりの大転換期に運をつかむヒント

わたしたちは今、激動の時代の真《ま》っ只中《ただなか》にいます。
２０２０年、世界は新型コロナウイルスに翻弄《ほんろう》され、あきらかに時代は変わりました。
占星術の世界では、ちょうど令和を迎えたころに、「うお座の時代」から「みずがめ座の時代」へと移り変わったと騒がれていました。これは、およそ２０００年ぶりの大変革期にあたります。

簡単にご説明すると、この変革により、
**物質やお金が価値を持つ「うお座＝競争の時代」**から、
**精神や情報が価値を持つ「みずがめ座＝共感の時代」**へと、
人類みんなが新しいステージに進むといわれているのです。

これは決して、オカルトではありません。

世界情勢にあかるい知識人の方々も、「ニューノーマル（新常態）」とか「ポストコロナ時代」とか、使っている言葉は違えど、同じことをおっしゃっています。

「コロナ」という言葉には「太陽の王冠」の意味があります。その名のとおり、世の中の矛盾していたところを、**白日《はくじつ》のもとに晒《さら》す働き**がありました。つまり、コロナ到来が問題を引き起こしたのではなくて、もともと隠れていた問題のタネが、ただあぶり出されただけだということです。

問題が浮上してくるのは、決してネガティブなことではありません。

その悩みのなかにこそ、あなたの開運のヒントが隠されているのですから！

わたしは占い師として、毎日のように、どなたかのご相談に乗っていますが、コロナ以後、みなさんの〝悩みの質〟が、ガラッと変わりました。

「このままじゃダメだ」と、切羽詰《せっぱつ》まってご相談に来られる方が、いっきに増えたのです。コロナ禍《か》において、明日がどうなるか、まったく予測がつかない状況になってしまったからです。

どんな大企業に勤めていても、いつリストラされたり、倒産するかわからない。

都会の一等地に買ったマンションよりも、田舎暮らしのほうが安心かもしれない。そんなふうに、あたり前だと思っていた価値観が、ガラガラと崩れてしまったため、安心できる何かを求めて、相談にいらっしゃるのです。

特に多かったのは、

「Aという道と、Bという道、どちらに進むべきですか？（どっちが安全ですか？）」と、相談してこられる方です。

私はそう聞かれるたびに「あなたはどうしたいのですか？」と返答していました。

正解を知りたい、リスクは避けたい、と思われる気持ちは、よくわかります。

けれどハッキリ言って、AかBかどちらを選んでも、ココロのあり方が変わっていなければ、未来は変わらないのです。

追いつめられたとき、人の本音が問われます。

他人をさしおいて「とにかく自分だけは助かりたい」と保身に走るのは、いかにも競争時代の考え方です。この共感の時代には、「困っているのはみんなも同じだ。だからこそ助け合おう！」と思える感性こそが大切です。いくら頭をひねっても、正解なんてわかりません。でも開運への道、はあなたの感性が知っているのです。

# 波乗りをマスターして一発逆転しよう

コロナの影響で離婚が増えた！　そんなウワサが社会現象にまでなりました。

事実、わたしのところにもご相談にこられる方がいらっしゃいます。みなさん「自宅で夫と（妻と）いる時間が増えて、やっぱりこの人とは一緒にいられないと思った」とおっしゃるのですが、その中身を紐解《ひもと》いてみると、コロナ禍《か》で仲が悪くなったというより、これまでフタをしていた問題が顕在化《けんざいか》しただけ、というケースばかりでした。

その問題から逃げるか、ちゃんと向き合うかによって、未来が分かれます。

わたしの知人には、その問題をきっかけに夫婦で話し合いが生まれて、むしろ夫婦の絆が深まったという方もたくさんいます。

コロナで状況が変わったのであれば、

**「よし、これは千載一遇《せんざいいちぐう》のチャンスだ！」**

と、この変化の波に、ノリよく乗れたらいいのです。

たとえば、仕事のオンライン化に挑戦するとか、飲食店であればテイクアウトに挑戦するとか、SNSで情報発信を始めてみるとか、いっそ引っ越して、田舎暮らしをするとか……可能性はいくらでもあります。

今までの時代は、自力でキャリアアップして、はい上がる。がんばるほど出世や成功につながって、収入も順当に上がって、安定した暮らしが手に入る。その豊かさに応じて、幸せも大きくなっていく**〝山登り〟のような時代でした。**

けれどこれからは、がんばって山を登ろうとしても、それが今の時代に合わないものだったら、急にその〝山ごと消えてしまう〟ことがあります。コロナショックによって、いくつかの業界が壊滅的なダメージを負ってしまったことは、記憶に新しいでしょう。

**これからは〝波乗り〟の時代です。**

サーファーになった気分で、大きな波がやって来たら、むしろ「待ってました！」というくらいの気持ちで楽しめる自分になりましょう。それが、変化を乗りこなすコツです。

なんだか大変な時代を迎えたようにも思えます。けれど裏を返すと、大きな波に乗りさえすれば、一発逆転がいくらでも狙えるような、おもしろい時代ともいえるでしょう。

開運法にしても、「金運が上がる」「自己実現できる」「願いを引き寄せる」といった、自分だけにスポットを当てたものは、ハッキリ言って時代遅れになっていきます。

だって、世界中の人が自分都合で願いを叶えようとしたら、この世はどうなるでしょうか。それこそ、争いの絶えない、「競争の時代」に逆戻りしてしまうでしょう。

**これからは、自分も、まわりの人も、一緒に開運していく「共感の時代」です。**

そのために大事になるのが、**まわりの人が、思わず応援したくなるような〝願い〟**を持つこと。「自分の願い」と、「みんなの願い」とを、一致させていくことなのです。

誰もが「何を信じ」「何を目指し」「どんなふうに進めばいいのか」がわからない時代だからこそ、**「こんな未来を実現したい！」と声をあげて、ノリよく行動することで、運は開けます。**

# 共感を集めれば爆速で夢が実現する

あなたは今、どんな願いをお持ちですか？

その願いは、まわりの人が思わず応援したくなるような願いでしょうか？

もし、自信をもって「YES」と言えたなら、その願いは、すごい早さで実現する可能性があります。今は、**昔なら考えられないようなルートで、いきなり夢がカタチになる**ような時代だからです。

その一例が、**クラウドファンディング**でしょう。

少しまえに、折田翔吾さん（通称：アゲアゲさん）というアマチュアの棋士が、クラウドファンディングを使って、30歳にしてプロ入りを果たしたことが話題になりました。

これは、将棋界にとっては、めちゃくちゃすごいニュースだったのです。

じつは、将棋界には、26歳をすぎると、プロになるのが一気に難しくなるという年齢制限があります。この年齢を超えて、プロに編入できた棋士は、過去にたった3人しかいないのです。

折田さんは、将棋に青春を捧げるも、26歳でプロ入りが叶わず、一度は、プロの道をあきらめていました。

しかし、将棋愛が捨てきれず、将棋ユーチューバーになります。細々と動画をアップしていくうちに人気が出て、将棋ファンのなかでは、知る人ぞ知るチャンネルになっていきました。

ファンからの声に応えていくうちに、プロ相手の公式戦で、驚くべき勝率をみせて、ついに編入試験を受ける資格を得たのです。

しかし、その受験費用が、54万円！　将棋一筋でやってきた折田さんには、荷が重い金額だったのでしょう。そこで、クラウドファンディングで募集をかけました。

そしたらなんと！　500万円以上の応援が寄せられたのです。受験費用のおよそ10倍！

将棋のプロになりたい、なんて、ただの個人の願いのようにも思えます。

けれど、折田さんの将棋愛と、動画からにじみ出る人柄を感じて、

「彼がプロとして活躍する姿を、ひと目見たい！」

と、心を熱くした将棋ファンが、たくさんいたのです。

まさに「共感の時代」らしい、勇気がもらえるエピソードだと思います。

ほかにも、

・昨日まで無名だった歌手が、ＹｏｕＴｕｂｅでヒットして、一躍有名人になった。
・素人が書いたブログが、ＳＮＳでバズって、いきなり作家デビューした。
・ずっと鳴かず飛ばずだった絵描きの作品が、インスタで世界に広まった。

このような例は、あげればキリがありません。この時代の波に乗れば、あなたにだって、思わぬブレイクスルーが起こる可能性があるのです！

# ムチャブリ大歓迎になれば開運は間違いなし

「自分の願い」と「みんなの願い」が合わさったとき、〝共感〟が生まれます。
これからの時代、**より大きな〝共感〟を作り出せる人が、運気をつかむのです。**

しかし、「よし！　みんなのためを思って生きよう」と決意しても、ついつい、自分の都合で考えてしまうのが人間です。結局、自分のアタマで物事を判断している限り、なかなか〝自我のカベ〟を超えられないのです。

〝自我のカベ〟とは、自分の都合、理屈、好き嫌い、こだわり、やり方……といった、自分の枠のこと。

ほとんどの人が運気の流れに乗れないのは、〝自我のカベ〟の中だけで、生きているからです。

運気の流れは常に動いているものですから、「わたしってこういう人間だから……」という枠でガチガチに固定されてしまっている人は、運気の流れにとり残されてしまいます。

自分の枠の外に出たとき、はじめて大きな波に運ばれるのです。

そこでカギを握るのが、本書のメインテーマである「ノリ」です！

冒頭で「ノリ」という言葉には、2つの意味があることをお伝えしました。

**1「乗り《の》」流れに乗る＝チャンスに飛び込む**
**2「宣り《の》」言葉で意識を方向付ける**

ここで、わたしが実際にこの2つの「ノリ」で人生が大きく変わったエピソードをお話ししましょう。


私が、まだ北極老人の弟子になる前のことです。

わたしは、羽賀ヒカルさんのセミナーで、初めて北極老人の存在を知りました。

その話を聞いてからというもの、わたしは、妻に毎日のように「北極老人に会いたい」と話していました。そして、近くの神社にお参りしては、「どうか、北極老人にお近づきになれるよう、お導きください」と祈り続けていました。

すると、さまざまな偶然に後押しされて、とある事件をきっかけに、羽賀さんとのご縁が深まっていきました。そして数カ月後、急にチャンスが飛び込んできました。

「いま、羽賀ヒカルの秘書を探してるんだけど、相原さん、できますか？」

そんな誘いをいただいたのです！

うわっ！　**言っていたことが叶ったんだ！**

北極老人の弟子の羽賀さんの秘書になったら、北極老人ともお近づきになれる!!

そう思ったわたしは、

「もちろん！　できますよ！」

と、二つ返事で引き受けたのです。

でも、隣で聞いていた妻は、めちゃくちゃ心配そうにしていました。

あとで聞いた話ですが、妻の心の中では、

「えぇ!?　ちょっと待ってよ！　あんた、秘書なんかやったことないやん！　しかも、あんたみたいな大ざっぱで、スケジュール管理も苦手で、自由気ままな男が、羽賀さんの秘書なんて、務まるわけないやん！　迷惑かけたらどうすんのぉぉぉ～……」

と叫んでいたそうです。

秘書が向いていないことくらい、自分でもわかっていました。けれど、一切、迷いなんてありませんでした。これはきっと神様の導きだ！　ノルしかない！　と思ったからです。そして、その返事をした日、ずっと会いたかった北極老人に、ついに会うことができたのでした。

さらにその日の夜、家に帰るとまたスゴイことがありました。

なんと、それまで自分の収入の柱になっていたＹｏｕＴｕｂｅチャンネルが、突如、アカウント停止をくらったのです。どうやら気づかず規約違反をしてしまっていたようなのです。毎月数十万円の収入源が、一瞬にして吹き飛びました。

普段なら、「うわ！　最悪だ！」となったはずですが、このときばかりは違いました。

「これは、羽賀さんの秘書を全力でやれ！　ってことだね」と、妻と2人で、穏やかに受け止めることができたのです。「このまま安心して進みなさい」という、神様からのメッセージのようにも思えました。

自分の願いを言葉にしましょう。思いがけないチャンスが突然やってくるはずです。ただし、そのチャンスというのは、いかにも〝安全そうな道〟ではないことがほとんどです。

むしろ、**「過去の自分なら絶対に選ばないであろう道」**であることのほうが多いのです。いわゆる、〝ムチャぶり〟ってやつです。

『聖書』にも、「狭き門から入れ」という有名なフレーズがあります。

**「滅びにいたる門は大きく、その道は広い。そして、そこから入っていく者は多い。命にいたる門は狭く、その道は細い。そして、それを見いだす者は少ない」**

人生は、毎瞬、毎瞬が、選択の連続です。そのとき人は、常に、自分にとって都合のいい道を選びがちです。こっちのほうが、楽だから、正しいと思うから、無難《ぶなん》だから、常識的だから、敵を作らないから、今までずっとそうしてきたから……と、さまざまな〝ものさし（判断基準）〟によって、その選択を決めるわけです。

でも、**今あなたが持っている〝ものさし（判断基準）〟こそが、これまでのあなたの人生を決めてきたものですから、その基準を、いったん「えーい！」と、取っ払わなければ、人生は変わりません。**

その〝ものさし〟を取っ払う最高の方法が、チャンスにノリよく乗ることなのです。

あなたが「人生を変えたい！」と願ったとします。

その願いが本気であればあるほど神様は、あなたのこれまでの人生を作ってきた〝ものさし〟を壊すべく、あなたのまわりにいる人を通じて、〝ムチャぶり〟を仕掛けてくるわけです。

それに対して、

「いやぁ、でも自分には自信ないし……」

「今まで、うまくいかなかったし……」

なんて、ノリの悪い感じで返していたら、神様はすぐにそっぽを向いてしまいます。

**その選択が、どんな未来につながっていくのか。そんなこと、頭でいくら考えたってわかりません。**一見、不遇にも思える状況から、信じられないような未来につながることもあるのです。

私の場合も、秘書になって、最初はうまくいかないことばかりでした。掃除に鑑定の準備・片付け、スケジュール管理、来客対応……。もう苦手なことばかりで、何をやってもミスして怒られるわけです。

羽賀さんのスケジュール管理をするために秘書になったはずなのに、わたしが自分のスケジュールすら管理できていなかったので、代わりに羽賀さんが「今日のあなたの予定は……」と、丁寧に教えてくれるようになり……（笑）。まわりからは、「どっちが秘書やねん！」とツッコまれていました。

ただ、その役割をいただいたおかげで、占い鑑定の一部始終を、見せてもらえました。鑑定が始まる前は暗い顔だった人も、鑑定を終えると、みなさん別人のように晴れやかな表情で帰っていかれるのです。たった一回の鑑定で人生が大きく変わったという方も、たくさんいらっしゃいました。

その変化を間近で見て、わたしも目の前のお客様が鑑定を迎え、終えるまでにどう振る舞えばよいのか、真剣に考えるようになったのです。
そして、お客さんの目に触れなくても、〝真心〟を込めて準備したことは、ちゃんと伝わるんだなぁと、肌で感じさせてもらったのです。

あの頃の経験は今、私自身がこうして占い師やセミナー講師として活動をする中で、かけがえのない財産になっています。

どなたの日常にも、神様からの〝ムチャぶり〟がやってくることがあるでしょう。大事な場面で、思わぬ話題をふられるとか。誰かに急な頼み事をされるとか。自分がなんとかするしかない修羅場に出くわすとか。
そのときがまさに、人生のターニングポイントです。「ムチャぶり大歓迎！」を合言葉に、明るく、軽い気持ちで、流れにノッてみてください。想像を超えるような人生が、その日から始まります。

# ノリよく生きると、人生はこんなに変わる！

〝ノリ〟の良さで開運したのは、わたしだけではありません。
ここで、ある実例をご紹介しましょう。

山口さんという男性の話です。

彼には、お付き合いしている女性がいました。しかし、その関係がうまくいかず、ずっと悩んでいたのです。あれこれ手を尽くしても、ふたりの関係は冷えていくばかり。彼の頭のなかでは、「もう、別れるしかないよな……」と、うすうす感じていました。

でも、その事実を認める勇気もなくて、パッとしない日々が続いていたのです。

日に日に元気を失って、ついには、仕事にまで支障をきたすようになっていました。

そんな彼の様子を、ずっと心配していた上司のDさんが、半分冗談、半分マジで、ある提案をしました。

「山口くん、久保田利伸に似てるよね。いっそのこと、アフロにしてみたら?」

「えっ、エエッ!　アフロですか!?」

マジメな性格だった山口さんは、動揺を隠せませんでした。しかし、今の追い詰められた状況をなんとかしたいという一心で、思い切って、その冗談にノッたのです。その日、すぐに美容室へ行き、久保田利伸の写真を見せて、「アフロでお願いします」とオーダーしました。

その日の夜、山口さんはアフロ姿に、派手なシャツを来て、彼女に会いに行きました。すると、近ごろ口もきいてくれなかった彼女が、「なによその髪型……、ぷっ、変なの」と、久々の笑顔を見せました。そのスキを狙って、山口さんは彼女の前で、久保田利伸の名曲『LA・LA・LA LOVE SONG』を熱唱したのです。

そのまま山口さんは、彼女への正直な気持ちを伝えました。今まで、一緒にいてくれたことへの感謝。そして、これから一緒にやっていくことに、限界を感じていること。話し合いの結果、ふたりは別れることになりました。

でも、別れ話なのに暗い雰囲気にはならず、お互いに前向きな気持ちで、次の一歩を踏み出すことができたそうです。

次の日、山口さんのアフロ姿を見て、職場のみんなは目を丸くしました。

「山口さん!! マジでアフロにしたんだ！」

山口さんは、はにかみながら答えました。

「いやぁ〜、こんなの自分では500%思いつかなかったけど、なんか、ノリでやってみたら吹っ切れてさ。昨日、彼女の前で、思いっきり『LA・LA・LA LOVE SONG』を歌ったんだ。そしたら、笑ってくれて、やっと彼女とも話ができたよ。まぁ、結局、別れることになったんだけどね。でも、自分にも、相手にも、ちゃんとケジメをつけられた気がする。まさか、髪型でこんなに変われるなんてね。ムチャぶりしてくれたDさんには、感謝しかないよ」

その言葉を聞いていた職場の仲間から、なぜか、拍手が巻き起こりました。

「山口さん、なんか潔《いさぎよ》くてかっこいいよ。アフロは似合ってないけど（笑）」
「いやぁ、見直した！　すごい！　今日はおごるから、飲みに行こう！」

上司からの冗談に、思い切ってノッたことから、山口さんは新たなキャラが確立して、一躍、職場でみんなから慕《した》われる存在になりました。山口さん自身も、自分の枠を取っ払うことができ、仕事にも積極的になれたのです。

実は山口さんは占いで見ても「自分を表現したい」という本能が強い傾向にありました。その眠っていた性質が、ムチャぶりにノッたことで開花したのです。

人生に迷ったとき、つい人は頭で考えて「正しい道」を選ぼうとしがちです。でも、その理性的な判断が、しあわせにつながるとは限りません。むしろ、理性に縛られているから、人生の可能性が狭くなってしまうのです。マトモに考えたら、ありえないような選択をしたときに、はじめて開かれる未来もあります。

**その、人知を超えた領域に飛び出すために、ノリが役に立つのです。**

ちなみに、この件について北極老人から、意外なお話を聞きました。

実は、この山口さんの場合のように、**有名人のなかから「そっくりさん」を見つけてあげると、その人の開運スピードがグンと早まる**そうです。

俳優、女優、歌手、アイドル、プロスポーツ選手、有名な作家、芸術家、経営者、政治家、棋士、学者、宗教家……、といった方々は、まさに運気にめぐまれて、才能を発揮し、活躍した方々です。

その人たちに〝似ている〟とか〝共通点がある〟というだけで、なんと、**その有名人がもつ運気にあやかることができる**のだとか。本人が「そっくりだね」と言われて、嬉しくなるような人を見つけてあげるのもポイントです。

だから、わたしたちは仲間うちでも、よく、

「○○さんって、若いころの南野陽子にそっくりじゃん！」

「○○さんって、よく見ると、ブルース・リーに似てるよね！」

といった会話で盛り上がります。

そうやって話題にあげて、本人もノリよく、その話題に乗ることができたら、それだけで人生好転のきっかけになります。名づけて、そっくりさん開運法！

開運のヒントは、思いもよらないところにこそ、転がっているのです。

# ノリの悪いわたしを劇的に変えた妻の一言

たった一日で人生が変わる。そんな運命の出会いに導かれる極意も〝ノリ〟にあります。

わたしと妻との出会いも、まさにノリによって結ばれたご縁でした。

20代のころ、わたしは理想の結婚相手をずっと探していました。

でも、女性と仲良くなることはあっても、結婚するような相手とは出会えませんでした。いいなと思って付き合ってはみるものの、実際に距離が近くなると合わないと感じる部分が出てきてしまい、結婚相手にふさわしいと思えないことの繰り返しだったのです。

そんな中、わたしは今のままの自分ではダメなのかもしれない、もっと人間として、男として成長しなくてはいけないと思い、「これからは、目の前の仕事をがんばってやってみよう」と決意しました。

結婚はいったん忘れて、今かかわっている人との仕事に集中することにしたのです。

その姿勢を見てくれていたのか、お世話になっていた人が仕事の依頼をしてくれました。

ただ……、それは、当時わたしが一番キライだった人との仕事だったのです。

正直、「うわぁ、あいつとだけは組みたくない……」とも思いましたが、お世話になっている人がせっかく声をかけてくれたのだから、その期待に応《こた》えたいという一心で、やってみよう！　とノリよく引き受けることにしました。

実際、引き受けてみると、そりゃまぁ、大変でした（笑）。

でも、そこに！　思わぬ幸運が転がっていました。

その職場で、わたしの妻に出会うことになったのです。

欲しい、欲しいと思っていたときには手に入らなかったものが、それを手放したときに、思わぬところから転がり込んできた瞬間でした。

人は、自分の頭で考え始めると、どうしても、「これがいい」「あれがイヤ」と、小さなこだわりにとらわれてしまいがちです。常識的に考えていたら、なかなかそのこだわりを捨てきれません。すると、予想外の未来につながるチャンスが来ていても、飛び込めないのです。

**それを乗り越える必殺技が、「頭でゴチャゴチャ考えず、ノリのいい人になること」です。**

こうしてお話ししていると、相原さんはもともとノリがいい人間だったから、それができたんじゃない？　と思われるかもしれません。でも、**実は、わたしはもともと決してノリのいいタイプではありませんでした。**とくに、イジられることやネタにされることは大っ嫌いな人間でした。

そんなわたしがなぜ、ノリのいい人になれたのか？

それは、妻からの耳の痛いアドバイスがあったおかげなんです。

先ほどお話しした、わたしが妻と出会うきっかけとなった仕事で、わたしはセミナーのスタッフをしていました。その懇親会《こんしんかい》の席で、事件は起こりました。

その日は、お酒も入って、みんなでなごやかに盛り上がっていました。しかしそんな中、酒グセの悪い若いお客さんが、私にやたらと絡《から》み始めたのです。もともと、そのお客さんのことは、内心、ノリが合わないし好きじゃないなと思っていたこともあったんですが、その絡みがあまりにしつこくて……。ついに、イラッとして
「おまえ、しつこいねん！　その絡み、面白くないんじゃ!!」

と言ってしまったんです（笑）。

その場の空気は凍りつき、内心「しまった……！」と思いました。

そのときは、お世話になっていた人が仲裁《ちゅうさい》に入ってくれたので、なんとか事無《ことな》きを得ましたが、その場の空気は悪くなり、「やってしまった……！」という思いでいっぱいでした。

そのときに、わたしの人生を変えるアドバイスをしてくれたのが、後に妻となった彼女でした（まさかこの人と結婚することになるなんて、当時は思ってもいませんでした）。

その帰り道、わたしは彼女と一緒に歩いていました。その別れ際、彼女に、

「相原さんは、今日のこと、どう思っていますか？」

と急に聞かれたので、びっくりしました。とっさに、

「まあ、前からあの人とは気が合わないと思ってたんだよね」

と返すと、彼女にこう言われたんです。

「相原さんはそれで人生、損してると思いますよ。たしかに、あの絡み方は私もどうかと思いましたけど。でも、イラッとするんじゃなくて笑いに変えてたら、すごくいい雰囲気のまま終われたのに……。相原さんはそういうことができる人だと思うのに、もったいないですよ」

ハンマーでガーンと殴られような気分でした。

「うわーっ、これ、おれの人生のテーマだわ……」と、心底、思ったんです。

過去を振り返ると、仕事で大失敗したときも、恋人との関係が崩れたときも、いつもいつも、自分のプライドが傷つけられたと感じて、ムキになってしまったことが原因だったと気づきました。

「これからは、イジられてイラッとするのをやめなあかん！　なんでもノリよくノッていって、盛り上げ役に徹しよう」

彼女の言葉のおかげで、そう思えるようになりました。それを実際に行動に移していったら、いつのまにか、イジられても腹が立たないようになっていました。

それまでは、自分が何にノッて、何にノらないかを選んでいたのですが、そのときからは、自分がイジられるようなフリがきたら、意図的にノっていくようにしました。

そうやってノッていったらその後には、思いもよらない幸運に恵まれたり、人のご縁がつながったりすることが多いんです。

今では、何でもノッていこうというスタンスです。

以前のわたしのように、イジられたりネタにされたりすることに、抵抗がある人は多いでしょう。それに冷静に対処できず、ついイラッとしてしまうのは、「馬鹿にされたくない」「賢く見られたい」「デキる自分でいたい」といった、小さなプライドが邪魔するからです。

わたしがそのプライドを超えられたのは、感情に振り回されることで自分がいかに損をしているか、失っているものが大きいか、痛いほどよくわかったからだと思います。

イジられたら、むしろオイシイと思って、そのフリにノリよくノッていく。これができるようになったことで、わたしの人生は大きく開運しました。あのとき、耳の痛いアドバイスをしてくれた妻には感謝しています。

# ギリギリの際どいところに幸せへの道がある

リスクがあるのはイヤ。安全な道をいきたい。
そのような安定志向が、結果的に開運を遠ざけてしまうことがあります。

わたしは師匠・北極老人から、

・安全なところに安住するな

・ギリギリを狙え。ギリギリを狙うからこそ、開運のエネルギーを受け取れる

と教わってきました。

風水でいうところの、「鬼門《きもん》」もそれと少し似ています。
「鬼門」は、風水で「避けるべき方角」といわれており、なんとなく怖いイメージを持っ

ている人も多いかもしれませんが、じつは、ばく大なエネルギーがある方角です。そのエネルギーを使いこなすことができれば開運することもできます。ただ、そのエネルギーが大きいだけに、使い方を一歩間違うと危険やリスクが大きいため、「さわらぬ神にたたりなし」という考えから、いかにも怖そうな名前をつけて、隠されてきたのです。

人間関係で、一歩踏み込んだ話をすることで仲良くなれることって、ありますよね。無難な会話ばかりしていたら、いつまでたっても、相手との心の距離を縮められません。

逆に、相手が踏み込んでほしくないと思っている、**「心の地雷ポイント」**にうっかり踏み込んで、怒らせてしまう場合もあります。

北極老人は、相手の「心の地雷ポイント」ギリギリのところに踏み込む達人です。あと少し踏み込んだら相手の逆鱗《げきりん》に触れてしまうという境界線がありますが、北極老人はそのわずか手前を見極めてギリギリまで踏み込むことで、あっという間に相手と打ち解けて、ものすごく仲良くなってしまうのです。

でも、わたしも師匠を見習って、占い鑑定に来てくださったお客様には、できる限り、一歩踏み込んでお話しするようにしています。時には、あえて相手が嫌がる話題にも踏み込むこともあります（もちろん、ただむやみにズカズカと踏み込んだりはしませんよ！　お客様の反応を見ながら、慎重に言葉を選んでいます）。

なぜなら、**一番イヤだと思うところにこそ、その人が開運しない最大の原因が潜んでいる**ものだからです。

たとえば、学生時代にいじめられたり、小さいころに親が離婚したりしたことで、深く傷ついている人もいるでしょう。そしてその思い出が、誰にも触れられたくないタブーになっていることもあるかもしれません。

もし、それが「あの出来事のおかげで今の自分があるんだ！」という思い出になったら、人生は劇的に変わります。タブーがタブーではなくなるだけでなく、その経験を財産にして、自分を励まし、人を励ますこともできるようになるのです。

ある女性のお客様は、夫からＤＶを受けて苦しんでいると相談に来てくださいました。話をよく聞いてみると、その気になれば、いくらでも逃げることのできる状況だったのです。そのことを確認したうえで、私は踏み込みました。

「苦しいとおっしゃっていますが、彼と一緒にいることを選択しているのは、あなた自身です。あなたも、彼に甘えているところがあるのではないですか？」

するとと彼女は、泣きながら、

「たしかに、そうでした……。でも、もう本当に変わりたいです」

と決意を新たにされていました。その後、離婚を決めて、みちがえるように明るくなった彼女は、今ではＤＶに悩む方の相談に乗るお仕事をされるまでになりました。


また、ある女性のお客様は、小さいころから親から医者になりなさいと言われ続け、嫌々、病院に就職して10年間勤めたものの、ずっともやもやした思いを抱えていました。そんな中、知人から投資の誘いがあり、「やっとこの状況を抜けられる！」と、その話に乗ったのです。ところが、じつは騙《だま》されていたことがわかり、自己破産する羽目《はめ》にまでなってしまいました。その後、わたしの占い鑑定を受けにいらっしゃったのです。


そこで鑑定をして、彼女の話を聞いていくうちに見えてきたことをお伝えしました。

「あなたの人生は、すべて親御さんへの復讐《ふくしゅう》が根源にありますね。あなたは親に復讐するために、不幸な人生を選んでいらっしゃるんですよ。この不幸な状況から抜け出すには、まず、両親を許さないといけませんね」

と。彼女は、我にかえった表情でおっしゃいました。

「……ああ、そうでした。わたしはずっと親に復讐する人生を歩んでいたんですね」

この女性の復讐心の裏には、じつは愛情を求める気持ちが奥底にあったのです。彼女はわたしのアドバイスでそれを自覚されてから、人生が好転していきました。

わたしの占い鑑定では、そうした「心の地雷ポイント」にどう向き合ったら解決に向かい、開運に向かうのかということを、丁寧にお伝えしています。自分の地雷に気づき、きちんと向き合うことで、人生の課題を乗り越え、開運することができるのです。

そうして踏み込んでお話しした鑑定の後には、いつも「相談して本当によかった！」といい笑顔で言っていただいています。

ギリギリを狙うからこそ、お客様の人生を最高に輝かせるような鑑定になるのです。

仕事においても同じことがいえます。

仕事ができる人というのは、自分の判断で「やっていいこと」と「やってはいけないこと」のギリギリのラインを見極められる人のことです。

上司から指示されたことだけやっていれば、怒られることもないので、ある意味、安全です。でも、気を利かせて、指示されてもいないことを「お客様のために」という気持ちでやった場合、評価されるときもあれば、「そんなことはやれといっていない！」と怒られることもありますよね。

お茶出し一つにしても、ついでにお茶に合うお菓子を用意したほうがいいだろうかとか、このお客様だったらいつもより高いお茶のほうがいいのかとか……。

ときに、判断を誤って怒られることもあるかもしれませんが、そのギリギリを探ろうとしなければ、相手からものすごく喜ばれることもありません。このギリギリの境目がどこにあるのか、つねに考えることが大切なのです。

失敗してその場では怒られても、見えないところでの評価が上がっている可能性もあります。上司は立場上、注意しなくてはいけないので、そのときは叱ったものの、内心は、「その仕事に対する姿勢だけはよかった」と思っているかもしれません（場合によっては、本当にやってはいけないことをやってしまっているだけのこともあるので、叱られたときは、自分のやったことについての冷静な反省と検証は必要ですよ！）。

**人は、理屈で考えると、安全なところから出ることを恐れがちです。でも、ノリの勢いを借りてそこから一歩踏み出すからこそ、開運のエネルギーが受け取れるのです。**

# 最後までやりきる人になる2つのポイント

「明日やろうはバカ野郎」という言葉があります。**今日できることは今日のうちにやってしまえ**、ということですね。**これは、ノリよく生きるうえでも非常に重要です。**

ちょっと面倒だな、難しいな、と思うことを先送りにすると、いざ取りかかるときになって余計にエネルギーが必要になります。「あれ、やってなかったなあ。今日こそやらないと……」と、いつも頭の片隅にあって、だんだん憂鬱《ゆううつ》になってくるんですね。

面倒なタスクを後回しにしていると、後々の予定がつまって自分の首を締めることにもなりますし、それだけでなく、いざチャンスが来たときに、逃してしまうのです。

たとえば、

「あなたに新しい企画を担当して欲しいんだけど」

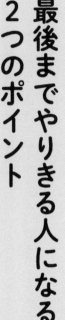

なーんて、ありがたい話が来ても、
「すみません、仕事が詰まってて、ちょっと無理です」
とノリの悪いことになってしまいます。

わたしは普段、多いときには1日に3件の占い鑑定をして、その合間に次のセミナーの内容を考えたり、動画収録や原稿作成をしています。
それらのタスクの優先順位として、自分にとってヘビーなものから順にやると決めています。頭を使うセミナーの構成などを最後に残してしまうと、夜中になってから取り掛かることになり、しんどくなってしまうからです。

また、鑑定の資料作りなどの準備は、必ず前日までにやってしまうようにしています。どんなに急な予約をいただいた場合でも、です。もう当日は、相談に来られる方の幸せを祈って待つだけ、という状態にしておきたいからです。

今日はちょっとキツイなと思っても、先延ばしにしないで、できるだけのことをやっておく。すると、気持ちよく眠ることができて、翌朝から、ノリよく一日をスタートすることができます。

**先延ばしにしないためには、2つのポイントがあります。**
**ひとつめは、完璧主義にならないことです。**

まずは、完璧ではなく「今日できるベストを尽くす」ことを目指しましょう。いきなり完璧にやろうと思うと、自分の中でハードルがどこまでも高くなっていって、いつまで経っても仕事が終わらなくなります。

あまり複雑に考えず、「不完全だからこそ、伸びしろがあるんだ！」とポジティブにとらえて、ひとまず完成させてしまうことです。

わたしが羽賀ヒカルさんの秘書をしていたころ、北極老人から唐突《とうとつ》にセミナー講師の役割をいただきました。

そのセミナーというのが、「伊勢神宮参拝セミナー」だったのですが、これは数百名のお客様が集まる大舞台だったのです。

当時のわたしは、セミナーで話した経験もなければ、伊勢神宮に行ったことすらもありませんでした。ただ、あまり深刻に考えないのがわたしの良いところで、

「はい、やらせてください！」

とノリで即答したんですね。

もちろん、その日から伊勢神宮についての猛勉強と、人前で話す猛特訓が始まりました。リハーサルのたびに、仲間からボコボコにダメ出しをしてもらい、何回も練り直して、なんとかやり遂げることができました。

本番は完璧だったのかといえば、今見たら、もっと改善できる点はたくさんあります。けれど、そのときにできることは全部やり切って、最大限に成長して、ベストを尽くせたと思っています。

**もうひとつのポイントは、声をあげて、みんなを巻き込むことです。**

「今日は絶対にこれを優先して終わらせます！」と宣言して、まわりの人の目にさらすのです。

宣言することで、潜在意識が味方になって、その仕事を完遂するために必要な情報を、自動的に拾い集めてくれるようになります。すると、良いアイデアが閃《ひらめ》いたり、ヒントを見つけやすくなるのです。さらに、周囲の人の耳に入れておくことで、協力してもらえる効果が得られます。

たとえば、万が一、自分が嫌になって他のことをし始めたときに、「今日やると言ってたアレはもう終わったんですか？」とツッコミを入れてもらえるとか、あるいは、「頼みたい仕事があるんだけど、そっちが終わってからでいいから」というように、配慮をしてもらえるかもしれません。

あなたが、「そのうちやろう」と思って先延ばしにしていることを、全部リストアップしてみてください。そして優先順位をつけたら、今日できることを全部やってしまいましょう。

明日のあなたに、めちゃくちゃ感謝されるはずです。

先延ばしをせず、いつも身軽でいるからこそ、いざチャンスがめぐってきたときにノリよくノッていくことができるのです。

# 第2章

# ノリのいい人になる5つの習慣

## ノリがいい人になるための5つの習慣①

# 自分だけの開運アイテムをつくる

いつもノリのいい人でいるために、ココロはいつも柔軟に、明るく、軽くしておかなくてはなりません。ここからは、わたしが普段から実践している、ノリのいい人になる5つの習慣をご紹介します。

パワーストーンや風水グッズなど、世の中には色々な開運アイテムが出回っていますが、実は開運アイテムは自分で作ることができます。

その方法が「見立てる」ことです。

**「見立てる」というのは、「もの」を単なる「物体」として見るのではなく、別の何かにたとえることで、良い意味づけをプラスすることです。**

たとえば風水では、「西に黄色の絵を飾るといい」とか、「南に赤いカーテンをつけるといい」なんて、よく言われます。実はこれも、見立てです。

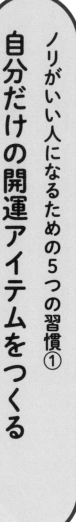

西の黄色は、夕焼けを受けて輝く、黄金の稲穂に見立てています。黄金の稲穂は、富や豊かさの象徴です。

南の赤は、南中した熱く燃える太陽に見立てています。だから、見ると元気が湧いてくるのです。

**このような「見立て」を使えば、どんな物でも開運アイテムに変身するのです。**

特におすすめしたいのが、「運がいい人からもらった物」を身につけることです。

わたしはセミナーや動画配信で人前に出るとき、いつも真っ赤なスーツを着ています。実はこのスーツは、北極老人に選んでもらったものです。

昔は、普通の黒やグレーのスーツを着ていたのですが、なんか地味で、パッとしなかったんですよね。そんなわたしの姿を見るにみかねて、真っ赤なスーツをわたしにプレゼントしてくれたのです。

そのスーツには、赤い色になぞらえて、「見てくれている人の心に、情熱を灯す」という役割を持たせることにしました。

早速、着てみると、気持ちが一新されて、新しい自分になれたような感覚になりました。自分の心が普段に増して明るくなって、気持ちがノります。

そのスーツを着て動画を撮影すれば、しゃべりながらも色んなアイデアが出てくるし、なによりお客さんの反応が良くなりました。

今では、

「今日も、パーッと、明るく頼むよ」

なんて、スーツに話しかけたりもします。

そうやって「キミはすごい開運グッズなんだよ」と扱ってあげることで、物が本当にピンチのときに助けてくれるようになるのです。

たとえば、結婚運をアップしたいなら、あなたが憧《あこが》れるご夫婦からのプレゼントを開運アイテムに見立てます。仕事運アップなら、できる上司とか先輩、尊敬する人からもらった物を大事に持っておく。その人の運気にあやかってしまうイメージですね。

逆に、運が悪い人からもらった物は、運気を吸い取られるので注意が必要です。

鑑定にいらっしゃったお客さんで、なぜか暗くて重い空気をまとっている女性がいました。星回りからするともっと運が良いはずなのに、なぜだろう？　と不思議に思って話を聞いていくと、実は、部屋中に元彼からのプレゼントがいっぱいあるというのです。

洋服からバッグ、家具・家電に至るまで、元彼が買ったもの。元彼にはさっぱり未練がなく、ただ気に入って使っていただけだったそうですが、全部手放して買い直してもらうようアドバイスしました。

数カ月後、彼女から「びっくりするくらい気持ちが軽くなって、元気になりました！」と連絡がありました。しかも、新しくできた恋人と、すごくうまくいっているとか。

このように、どういう物を持ち、物をどう扱うかによって良くも悪くも運気は大きく変わります。物を丁寧に使って、大事にする。だからといって、執着はしないこと。人間関係といっしょですね。

あなたもぜひ、自分だけの開運アイテムを作ってみてください。

## ノリがいい人になるための5つの習慣②

# 鏡を見ながら笑顔を作る

人は表情ひとつで、運気の流れを引き寄せます。
笑顔あふれる人のまわりには、笑顔な人が自然と集まり、
悲しい顔の人のまわりには、悲しい顔の人が集まります。

わたしがＹｏｕＴｕｂｅで動画配信を始めたばかりの頃、見てくれた人から、

「相原さん、動画だと顔が怖いですよ」

なんて言われてしまったことがあります。


言われてみれば確かにそう。画面に映る表情は硬くなっていました。

お客さんが目の前にいる鑑定やセミナーと違って、画面上では、大げさなぐらいオーバーアクションしないと、こじんまり見えてしまうことに気づいたのです。

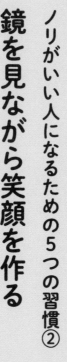

そこで、撮影が始まる前に、鏡を見ながら思いっきり笑顔を作る練習をするようにしました。そして鏡の中の自分に、

「おっ、今日もいい顔してるね！」

と語りかけるんです。

そうやって、自分で自分をノセてあげると自然と表情がゆるみます。視聴者の方からも、「笑顔がいいですね！」と言っていただけるようになりました。

女性ならメイクをするとき、男性ならネクタイを締めるときなどに、口角を上げて笑顔の練習をしてみてください。感覚的には、いつもの「三倍」の笑顔を作りましょう。

そして、鏡の中の自分をほめて、ノリノリにしてあげましょう。

「今日もいい笑顔だね」

「なんてかわいい／かっこいいんだ！」

と恥ずかしがらずに呼びかけると、笑顔がより明るくなるのでおすすめです。

これを毎日続けると、本当に表情がよくなっていきますよ。

鑑定に来られたある20代の女性は、「仕事ができない」とお悩みでした。彼女は、化粧品の販売員。なかなか売れずにノルマが達成できないとのことでした。

実際に話してみると、彼女は非常に明るい性格で、頭の回転も早く、営業や販売に向いていそうな印象でした。

でも、その明るさが表情にはあまり出せていなかったのです。これはもったいない！せっかくの持ち前の明るさも、ポジティブさも、相手に伝わらなきゃ意味がありません。これは第一印象でかなり損をしているなと思いました。

そこで、彼女にも笑顔の練習をしてもらいました。鏡を常に見られるようにと、文字盤が鏡になっている腕時計を買って、暇さえあれば鏡を見て微笑むようにしたそうです。それを続けていたら、なんと、その年の営業成績が社内でトップになったとか。

鏡の自分をほめるだけで、運が良くなるわけですから、これはやらないと損です！

## ノリがいい人になるための5つの習慣③

# 心を軽やかにする「邪気払い」

幸運な人になるために、欠かせないのが〝浄化〟の習慣です。

目に見えないネガティブなエネルギーのことを、邪気といいます。
運のエネルギーを受けとるためには、心身に溜まった邪気をきれいに浄化しておく必要があるのです。

まず、知っておいていただきたいのが、邪気の見分け方です。
邪気が体内（心身）に侵入するとどうなるか？

・ノリが悪くなります。
・感情が乱れやすくなります。
・思考が暗く、冷たくなります。

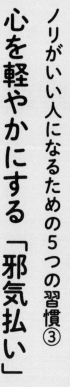

・頭がボーッとしたり、やたらと眠くなったりします。
・身体の調子が悪くなります（邪気が溜まりすぎると病気やケガに至ります）。
・すぐにイライラして、他人のことを責めたくなります。
・つい他人のせいにしたり、人の悪口を言いたくなります。

このような心身の不調は、邪気によって引き起こされていることが多いのです。
そして要注意なのは、邪気は人からも、空間からも、感染してしまうということです。

たとえば、こんな経験はありませんか？

・他人の相談に乗ったあと、なぜか自分まで気持ちが重くなった……。
・ずっと汚い場所にいたら、なんだかイライラしてきた……。

あなたが相談に乗ってあげて、相手の人がスッキリした！　としましょう。それは良いことですが、その相手がもともと抱えていたネガティブなエネルギーは、どこへ消えたのか？　実は、消えてなくなったワケではなく、そこにいた人や、その場所に、感染《うつ》っているのです。

ですから、人の相談に乗ったりしたあとは、特に入念に浄化をする必要があります。人を癒やす仕事や、人の身体に触れる仕事をされている方も、邪気をもらい受けてしまいやすいので要注意！

医師、看護師、整体師、セラピストといったような、人を癒やす仕事をされている方には、実は、すごいヘビースモーカーとか、すごい酒飲みとか、部屋が超汚いとか、そういう方が多かったりします。

仕事で受けた邪気が浄化しきれずに、お酒やタバコでごまかしたり、部屋に邪気を溜め込んだりしてしまっているんですね。

掃除をした雑巾《ぞうきん》が汚れていくように、人に何かをしてあげるということは、自分自身は汚れる運命にあるということです。そのことをわかった上で、浄化をする必要があります。

ウイルスの感染が拡大した2020年には、「気分の落ち込みが激しい」「仕事や家事が手につかない」など、うつ病のような症状を訴える人が増えて、「コロナうつ」という言葉も生まれました。

わたしの占い鑑定にも、重い悩みの相談に来られる方が増えました。

でも、いざ話を聞いてみると、実際に大変な状況だという人はじつは少数で、多くの方は現実的には問題がないのに、邪気の影響で不安があおられていただけだったんです。

家庭、職場、学校などでネガティブな情報を聞いているうちに、そこから邪気が侵入してきて、自分の気持ち、考え方、行動までもが、いつのまにかコントロールされてしまっていたのです。

そして、どんどん、ノリの悪い人になってしまう……。

でも、それは〝本当の自分〟ではありません！

ここでは、カンタンにできる浄化をご紹介します。浄化を習慣化して、開運の波にノリよく乗れるよう、コンディションを整えておきましょう！

## ◆空間の邪気を払う掃除

自宅や仕事場の掃除は、神社やお寺を掃《は》き清めるような気持ちで。いつでも大事なお客さんをお迎えできるぐらい、ピカピカにしておきましょう。

部屋は自分の意識を映す鏡です。恋愛のノウハウでは、「好きな人を呼んでも恥ずかしくない部屋」になると、同時にセルフイメージも上がって、積極的になれる、と言いますが、これは実際よくある話です。

わたしは北極老人から「神社のような清々《すがすが》しい部屋」を心がけるように、と教わっています。物理的にゴミやホコリを取り除くだけではなく、その空間を「聖域」と見立てる。

神様が本当にいるかどうかはさておき、「そこに神様がいる」と思えば、気持ちが引き締まりますよね。そして、神社のように清らかな空間は純粋に気持ちがいい。それは良い気＝エネルギーがめぐっている証拠です。

風水ではどの方角に何を置くのが良いの悪いのと言われますが、それ以前に「掃除」ができていることのほうが、はるかに重要なのです。

自分の部屋は、自分の意識の映し鏡です。部屋の見える部分は顕在意識、クローゼットや戸棚の中のように見えない部分は潜在意識に対応しています。

「いつか、押し入れの整理をしないとなあ」と気が重くなっていませんか？

本当の意味で身軽になるためには、不用品やゴミと一緒に、潜在意識に溜まった邪気もスッキリ片付けてしまいましょう。

### ◆手洗いで浄化する

ふだん何気なくやっている手洗いも、祓《はら》い清めるイメージを持つことで、りっぱな邪気払いになります。サービス業のプロフェッショナルにも、接客の合間にこまめに手洗いをする方がいらっしゃるとか。お客さんから受ける邪気を洗い流すことで、常にクリアな気持ちになり、疲れにくくなり、直感も冴《さ》えます。

手軽にできるので、ちょっとスッキリしたいときにもおすすめです。

ポイントは、儀式をするような気持ちで行うこと。

始める前に、心を静めて、目を閉じ、次の言葉をつぶやきましょう（心の中で唱えてもOKです）。

「わたしの心身に溜まったすべての邪気が祓《はら》い清められ、意識がクリアになりました」

そして、手を洗うときは、石けんをつけて15秒以上洗ってから水で流します。

このとき、邪気が黒い煙のように身体から抜け、水に溶けて排水溝に流れていくイメージをしましょう（イメージをすることが大切です！）。神社のお手水をイメージをしても良いでしょう。

手先だけでなく、ヒジから洗うと、さらに効果的です。

### ◆酒風呂

ちょっと本格的な邪気払いをしたいときには「酒風呂」を試してみてください。

お風呂に日本酒を入れると毛穴が開き、体内の邪気が汗と一緒に体の外に出ていってくれます。さらに、温浴効果・リラックス効果もアップします。

日本酒の種類は、米、麹《こうじ》、水だけを原料とする「純米酒」がおすすめです。お酒の量はご家庭の湯船にコップ1杯程度が目安。浄化力を高めたいときには量を増やしてもかまいません。ここに天然の塩を一握りほど加えると、さらに浄化力が増します。

手洗いと同様、儀式のような気持ちとイメージで効果が上がります。体の邪気が黒い煙のように身体から抜けたところをイメージし、すべての邪気が出たと感じたら、湯船から上がって浴槽の栓を抜きます。水に溶けた邪気が排水溝に流れていくイメージをしましょう。

頭の中がゴチャゴチャするときは、頭のてっぺんに天然の塩を一つまみ乗せて湯船につかると、塩のところから頭の邪気が抜けます。塩はシャワーで洗い流してください。

※お酒の弱い方は、お風呂に入れるお酒の量は少なめでかまいません。
体調が悪くなったと感じたら、無理をせずに、すぐにお風呂から上がりましょう。

### ◆土に触れる

土に触れるだけでも、浄化はできます。ヨガをする人には、「アース」という言葉でおなじみですね。

体に溜まった静電気を放電したり、大地からのエネルギーを受け取ったりという意味もありますが、邪気の浄化にもなります。

やり方はカンタン。自然豊かな公園などで、裸足で地面に触れて、しばらくリラックスしましょう。

足の裏から邪気が抜けて、とても気持ちいいですよ。

裸足になることに抵抗がある方は、しゃがんで両手を地面につくだけでも、効果があります。

## ノリがいい人になるための5つの習慣④
# 頭の中の掃除をする「ブレインエネマ」

ノリが悪い人の特徴を、ひとつ挙げましょう。

それは、頭の中がゴチャゴチャしていることです。


気がかりなことがあって、「ああなったらどうしよう」とネガティブな思考をぐるぐると続けてしまう……。今、それを考えても仕方がないのに、止められない。他のことが考えられない、手につかない……。そういうとき、ありますよね？

その状態が続くと、だんだん運が低下していってしまいます。

ですから、頭の中が散らかってきたと思ったら、定期的に脳内掃除が必要なのです。


紙とペンさえあれば簡単に頭の掃除ができる「ブレインエネマ」をご紹介しましょう。

「書く」ことによって、頭の中のネガティブな思考や感情を一掃《いっそう》できる方法です。

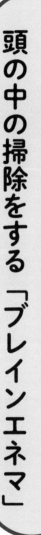

鑑定にいらしたSさん（40代・女性）は、心配性であることがお悩みでした。食事ひとつをとっても、この食材は健康に悪くないのか、原材料や成分表を見て、いちいち気にしてしまいます。
家の戸締りから、子どもの中学受験まで、すべてがそんな調子で気が休まらず、お子さんもナーバスになっていました。旦那さんは「大丈夫だよ」と言ってくれるけれど、話をちゃんと聞いてくれないことも多く、ときどきケンカになるそうです。

そんなSさんに、ブレインエネマをやってもらいました。心配事や頭の中の独り言を、思い浮かぶまますべて紙に書き出してもらったのです。もう何も出てこない、というところまで、ひたすら書きます。これを毎日、不安になったとき、気持ちがモヤモヤしたときにやってもらうように伝えました。

1カ月後にSさんからいただいたメッセージがこちらです。
「書き出すことで自分を客観視できるようになって、こんな小さなことで悩んでいたんだなと、びっくりしました。頭がクリアになって、家族をちゃんと見て、話を聞いて、気持ちを感じる余裕ができました」

あなたも、ブレインエネマで頭の中の邪気を定期的にお掃除してみましょう。思考も心も軽くなって、ノリよく前に進むのを助けてくれますよ。

### ◆ブレインエネマの方法

紙とペンを用意して、頭の中に浮かんだ思考や感情をすべて書き出します。頭が空っぽになるまで、10分程度が目安です。

書き切ったら、**「わたしのネガティブな思考や感情は、すべて消え去りました」**と宣言し、紙を流水に当てながら、ネガティブなエネルギーが流れていくイメージをします。最後に、紙は破ってゴミ箱に捨てましょう。トイレットペーパーに書いて、そのままトイレに流すのもおすすめです。

その日の邪気はその日のうちに水に流して、身も心も軽く、いい明日を迎えましょう。

## ノリがいい人になるための5つの習慣⑤
# 心と体に命令をする

ネガティブな思考にとらわれると、ノリも運も悪くなる。これがわかっていても、頭の中にネガティブな言葉が次々に浮かんでくることもあります。

こんなときの対処法として、先ほどお伝えした「ブレインエネマ」は効果バツグンですが、もうひとつ、言葉で宣言して心と体に命じる方法をご紹介しましょう。

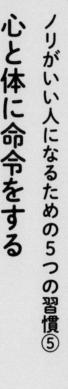

「ああなったらどうしよう」「こうなったらどうしよう」と、頭の中の声が止まらないときは、次の短い宣言をしてみてください。

**〝意識をハッキリさせる〟**

これは、北極老人が大学受験塾ミスターステップアップの塾長をしていたとき、塾生に伝授していた言葉です。勉強どころではないほどネガティブになっていた塾生にこの言葉を唱えてもらうと、すぐに勉強に集中できるようになったそうです。

その秘密は、人の脳の特性にありました。

人は、二つのことを同時に考えられないようにできています。

「意識をハッキリさせる」と言っている間には、他の複雑なことを考えられないのです。

鑑定のお客さんにも、試してもらったら「気に入って、ずっと唱えています！」とのご感想をいただきました。

その方は、いろんなことを考えすぎて、目の前がおそろかになってしまうタイプでした。

たとえば車を運転していても、ボーッとして右折のところを、左折して反対方向に進んでしまったり。さらには、「やばい、間違えた！」と焦ってUターンしようとして、今度は、侵入禁止の道につっ込んでしまったり……。

一事が万事そんな調子だったのが、車の中でずっと「意識をハッキリさせる」をつぶやいていたら、まったく道を間違えなくなったそうです。

仕事をするときも、「2時までに○○を終わらせます」と宣言して、「意識をハッキリさせる」を口ぐせにしていると、本当に仕事が目標通りに終わるようになったとか。

全体的に仕事もできて楽しくなってきたところ、彼女は同僚の男性から思いがけずアプローチされて結婚までしてしまったのです。

彼女が言うには、『今年こそ結婚します』って今まで何度も宣言はしていたんですけど、何も効果がなくてあきらめていたんです。それが、この言葉を言うようにしてから、急に効力が出てきたみたいです」とのこと。

ちなみに、唱える言葉は「ありがとうございます」でもかまいませんが、言葉と行動を一致させたい場合には、特に「意識をハッキリさせる」がおすすめです。

朝起きてすぐ、また、帰宅した直後など、ボーッと色々考えてしまいがちなタイミングで唱えるとよいでしょう。

外出先や職場では、ブツブツ言っていると怪しいので、心の中で唱えてくださいね。

# 第3章

# 幸運の波を呼びこむ
# エネルギー循環の法則

# この世のすべてがわかる「運の循環システム」

**実は、開運のチャンスばかりがやってくるようになる方法があります。**

ノリの大切さをお伝えしてきましたが、すると、こんな疑問が出てきませんか？
「どんな悪ノリにもすべてこたえて、本当に大丈夫なの？」
「これはチャンスだ！」と思って話にノッてみたら詐欺《さぎ》だった……なんてこともありそうです。だからといって、慎重になりすぎると、ノリが悪い人になってしまいますよね。

では、**どうすれば良いのか。**

**ふだんから、運のエネルギーを貯めておけばいいのです。**

運のエネルギーを貯める方法をお伝えする前に、まず、そもそもの「運のしくみ」についてご説明しましょう。**運のしくみを知ることで、目の前の出来事のとらえ方がガラッと**

## 変わり、開運のメカニズムが理解できるようになります。

人生には、目に見えない〝流れ〟があります。

きっと、どなたでも経験がありますよね？「なんか、いい流れが来てる気がする！」とか、「最近、なにをやってもジャマが入る……」とか。それが流れです。

〝運気〟の正体は、〝エネルギーの流れ〟なのです。

ところが、そのエネルギーの扱い方を、ほとんどの方はご存知ありません。

わたしのところへ相談に来られる方でも、せっかく〝いい流れ〟が来るタイミングなのに、ぜんぜん開運していない場合があります。

そのような方には、そのエネルギーの運用方法をお伝えします。

すると、たちまち流れが良くなって、運が開けていくのです。

わたしは、北極老人からこのしくみについて教わったとき、思わず「すごすぎる……」と声がもれるくらい感激しました。

これまで抱えていた人生の疑問が、一気に解けたからです。

まずは、【下の図】をご覧ください。

この一枚の図で、運のしくみ、さらに、この世界のしくみを説明することができます。

わたしたちが、ふだん認識しているのは、円の下半分にある、目に見える世界です。

しかし、その目に見える結果の世界は、円の上半分にある、目に見えない原因の世界とセットになっていて、互いに循環することで成り立っているのです。

目に見えない世界に運のエネルギーが貯まると、やがて、エネルギーは目に見える世界に現象化し、わたしたちの身にうれしい出来事が起こります。

**運のエネルギー循環のしくみ**

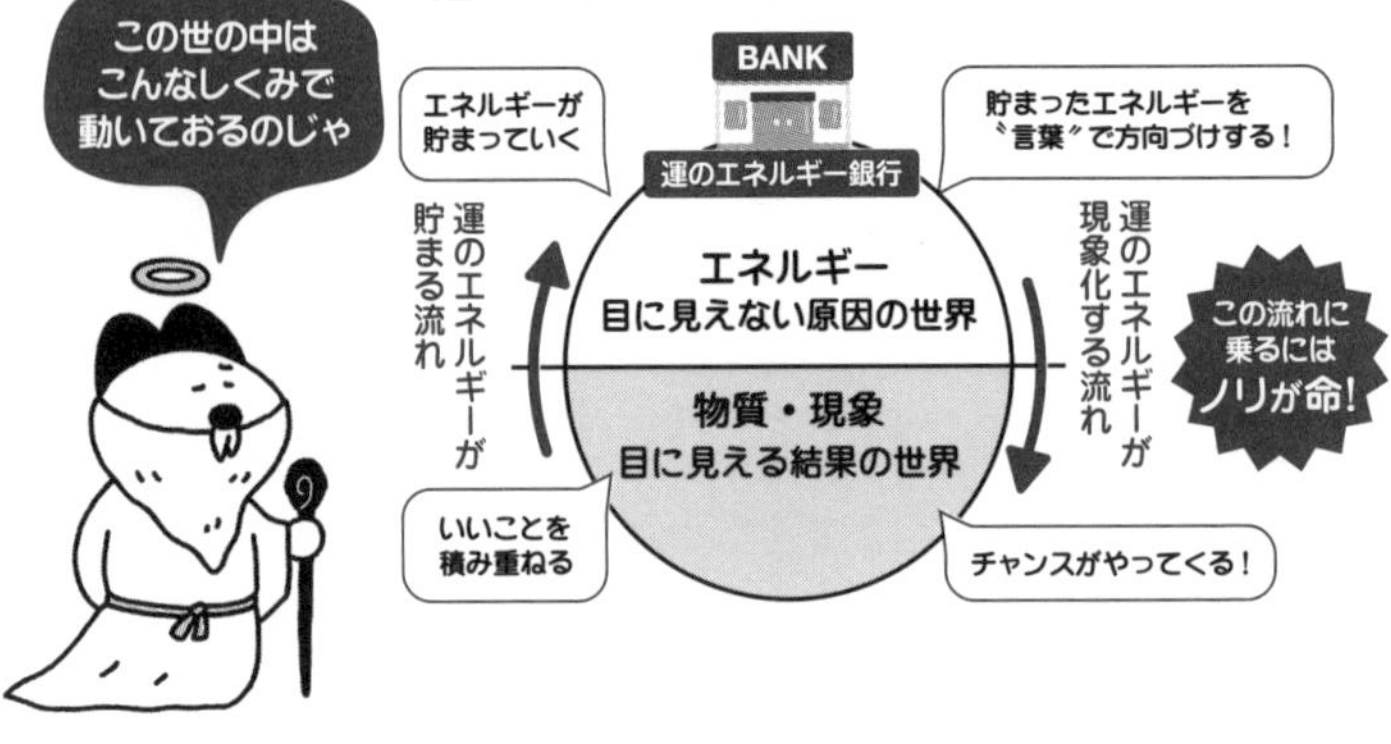
この世の中はこんなしくみで動いておるのじゃ
BANK
運のエネルギー銀行
エネルギーが貯まっていく
貯まったエネルギーを“言葉”で方向づけする！
運のエネルギーが貯まる流れ
運のエネルギーが現象化する流れ
エネルギー
目に見えない原因の世界
物質・現象
目に見える結果の世界
この流れに乗るにはノリが命！
いいことを積み重ねる
チャンスがやってくる！

また、わたしたちがいいことをすると、目に見えない世界に、運のエネルギーが貯まっていきます。目に見えない世界に、運のエネルギーを貯める銀行があって、そこに貯金をしていると考えるとわかりやすいでしょう。

**わたしたちの身に起こる、さまざまな〝結果〟には、すべて〝原因〟となるエネルギーがある**ということです。

このエネルギー循環のしくみは、地球の中で「水」が循環をしているのに似ています。海水が温められて水蒸気となり、大気中の水蒸気はまた雨になって地上に降ってきますよね。このとき水は、目に見えない水蒸気になったり、雨という目に見える形になったりと、変化を繰り返しています。

ラッキーなことが起こっているときは、目に見えない世界で運のエネルギーが消費されます。ですから、うれしいことが続いていても、目に見えない世界への貯金を怠《おこた》っていれば、いつか貯金はなくなってしまいます。

逆に、ラッキーなことが起こっていない人でも、いいことを積み重ねていれば、目に見えない世界の貯金は確実に貯まっていきます。すると、目に見えない世界の貯金が、いつか現象化して、うれしいことが起こり始めるのです！

わたしはこの法則を知って、

「自分はなんて、目に見える結果ばかりに囚《とら》われてたんだろう……」

と反省しました。

今までの人生を振り返っても、たいして努力もしていないのに大金が儲かったり、超美人の彼女ができたり、自分の身《み》の丈《たけ》に合わない幸運が舞い込んできたあとは、まるでその〝反動〟かのように、悲惨なトラブルがあったのです。それは運のエネルギーをムダ使いして、運が底をつきかけていたからだったのでしょう。

人って、ついつい、早く結果がほしい、結果がほしい、と求めがちですよね。

でも、結果が出ようが出まいが、誠実に生きていたら、ちゃんと目に見えない世界にはエネルギーが貯まっているということを、忘れてはいけないんですね。

**運のエネルギーの世界に〝原因〟があって、それが、現実の世界に〝結果〟となって現象化する。**これが占いの世界に伝わる宇宙の法則なのです。

**運命を変えようと思ったら、まずはエネルギーを貯めることが、なにより重要なのです。**

**「運のエネルギーが現実を創る」**

このことはしっかり覚えておいてください。

開運するためには、

**目に見える〝結果〟を求めるのは後！**

**目に見えない〝運のエネルギー〟を貯めることが先！**

ってことです。

運のエネルギーをしっかり貯めているからこそ、思いがけない幸運のチャンスが舞い込みます。そこにノリよく乗っていくことで人生が変わり、開運するのです。

# 運がいい人は全員もっている共通の考え方

運のエネルギーの使い道を、自分の意思でコントロールする方法があります。

そのための**最強ツールが〝言葉〟**です。自分の願いを、ただぼんやりと思い描くのではなく、**言語化することで運のエネルギーが方向づけ**されます。

理想の自分を思い描いて「こんな人間に成長する」「こんな未来を実現します」と、宣言する（＝宣《の》る）ことは、「未来にタネをまく」ようなものなのです。

コツは、最高の未来をイメージする。それが、すでに実現したかのような気持ちで、ふだんから言葉にしたり、紙に書いたり、神社や神棚の前で祈ったりしてみる。さらに、それを習慣化することです。

そうすると、あなたが貯めた運のエネルギーに応じて、現実に変化が起き始めるのです。

ただし、運のエネルギーが、どんな花を咲かせるのか、最終的には、神のみぞ知る領域といえます。自分が目指していた道とは別の、思いがけない才能が目覚めることもあります。思わぬ出会いから、しあわせが舞い込むこともあるんです。

ですから、「絶対にこの道じゃなきゃイヤだ！」と、頑《かたく》なになりすぎず、運命の神様の導きに、未来をゆだねる気持ちが大切です。

大きな幸運を掴むためには、それに見合うだけの準備期間、つまり運のエネルギーを貯める時期が必要ですから、まずは地道に〝いいこと〟を重ねていきましょう。

運のしくみを理解すれば、目の前の結果ばかりに執着しなくなります。すぐに結果が出なくても、焦らずに、まず運のエネルギーを貯めていこう、と思えるようになります。

この考え方を身につけておけば、うまくいかない冬の時期があったとしても、

**「イヤな目に遭《あ》ったけど、運のエネルギーが足りなかったんだろう」**

（むしろこれで運のエネルギーが貯まって良かった）

**「もっと運のエネルギーを貯めなさい、というメッセージだ」**

（やがて来る大きな幸せのためだと思えば、この苦難にすら感謝しよう）

と前向きに捉えることができます。

だから、少しくらい損することがあったり、理不尽な目に遭《あ》ったりしても、立ち止まることなく、前向きに世のため人のための努力を続けることができるのです。そうなれば、運のエネルギーは、どんどん貯まります！　これが、運のいい人の考え方なのです。

すべての幸運も、才能も、財産も、もともとは運のエネルギーから生まれます。ですから、願いを叶えるためには、努力の絶対量もさることながら、運のエネルギーを貯めることが最も重要です。

たとえば、今世、甲子園に出られた人というのは、個人の練習量もありますが、それに見合った身体能力を持って生まれ、良いコーチやまわりの仲間とのご縁に恵まれたからですよね。これらは、運のエネルギーによって得られるものです。

一方で、どんなに望んでも甲子園に行けない人は、
そもそも、努力が足りなかったのか。
あるいは、運のエネルギーが足りなかったのか。
もしくは、神様が別の人生ストーリーを用意しているときは、そちらに行かせないようにと、ケガをさせたり、トラブルを起こしたりして、その道を回避させることもあるのです。

いずれにしても、類《たぐい》まれな成功や、才能に恵まれる人は、努力以外の何かに後押しされているのは明白です。
将棋でプロになるのも、大金持ちになるのも、美人やイケメンに生まれるのも、東大に合格するのも、親や先祖からもらった運のエネルギー、今までに積んだ運のエネルギーが転化した結果といえます。

つまり、努力量だけでは、成し得ないものがあるのです。
お金を稼ぐにしても、才能を得るにしても、願いを叶えるにしても、つい、それを実現するための直接的な行動にとらわれがちです。

そして、目に見える成果が出ていなかったら、自分がぜんぜん進歩していないようにも感じてしまいますよね。でも、運のエネルギーを貯めていれば、必ず、どこかで花開きます。

**努力だけでは、絶対に切り開くことのできない、奇跡的なルート**に導かれることもあるのです。

わたしも、北極老人という偉大な師匠に出会っていなければ、本を何千冊読んで、何十年努力しても、今のような占いの英知を身につけることはできなかったでしょう。

こんなすごい出会いに導かれるなんて、正直、それまでのわたしに見合わないくらいの幸運です。だって、そんなにいいことばかりをしてきた人生じゃありませんでしたから。

きっとわたしは、北極老人との出会いに恵まれた時点で、だいぶ運のエネルギーを〝前借り〟させてもらったのでしょうね。だからこそ今は、北極老人に教わって得た知恵を活かして、10倍返し、100倍返しにして、この世界に恩返しをしていきたいと思っています。

# 運のエネルギーを貯める3つの方法

運のエネルギーを貯めるには、色々な方法がありますが、主に次の3パターンです。

1. **体を動かして人の役に立つ**
2. **物やお金で人を喜ばせる**
3. **言葉で人を助ける**

人によって得意・不得意がありますから、自分に合ったやり方で続けてみましょう。何かひとつでもいいので、日々、積み重ねていくことが大切です。

たとえば、お金はないけれど、体力だけは自信がある！　という人は、重い荷物を運んであげるとか、掃除をしたりする。

お金に余裕があるなら、応援したいお店でたくさん買い物をしたり、日ごろお世話になっている人にプレゼントしたりする。

たとえ、病気で寝たきりの状況であっても、人の学びになる話をしたり、誰かの幸せを祈ったり、にっこり笑って人を幸せな気分にしたりすることで、人の役に立つことができます。

運のエネルギーを貯めるのに、近道はありません。

毎日少しずつ**「善い言葉、善い行い、善い思い」**を積み重ねることです。

たとえば、1件1万円の占い鑑定をしていたとします。

そこへ来たお客様が、「この鑑定には、もう値段がつけられない！　10万円払ってもいいくらい、素晴らしい時間でした」と思ってくださったとしたら、「10－1＝9」で、9万円分、運のエネルギーが貯まっていると考えれば、わかりやすいでしょう。

**その運のエネルギーがやがてチャンスに変わって、願望成就、魅力アップ、才能開花、運命の出会いといったさまざまな結果となって、花開くのです。**

では、いいことをして、運のエネルギーを貯めるときに注意すべきポイントを、これからご紹介していきましょう。

## 運のエネルギーを貯めるポイント①
# 空間に愛される人になろう

パワースポットといわれる場所には、運のエネルギーが満ちあふれています。

ですから、神社仏閣、自然豊かな聖地は、行くだけで運がよくなります。昔から日本人は、そういう場所でお祈りすることで、願いが叶いやすくなることを、直感的に知っていたのです。

ただ、わざわざパワースポットに行くよりも、**自分がふだん使っている場所をパワースポット化することのほうが大事**だということを、わたしは師匠の北極老人から教わってきました。

運のエネルギーは、**〝空間に貯める〟ことができるのです。**

「空間に貯めるって、どういうこと?」と思われるかもしれませんね。

わたしの体験談から具体的にどういうことか、ご説明しましょう。

わたしの占い師としての最初の修行は、「掃除」でした。

兄弟子の羽賀ヒカルさんに、

「良い占い鑑定になるかどうかは、鑑定が始まる前にほとんど決まっているといってもいい。それくらい準備がすべてだから、鑑定部屋の掃除は絶対に怠《おこた》らないように」

と言われ、掃除の仕方を教わったのです。


当時は、和室で鑑定をしていたのですが、「掃除機でとれるゴミと、コロコロでとれるゴミは、タイプが違うからね」と、畳に掃除機をかけて、その後にコロコロ（粘着クリーナー）もかけるところを実際に見せてもらいながら教わりました。

わたしも見よう見まねでやっていると、

「ちょっと、雑ですね。ムダな物音をたてすぎです。これからこの部屋を訪れる人が、心地いいなぁ、と笑顔になって、体もホッとゆるんでいるところをイメージしながらやると、自然と動作がやさしくなるはずです」

と注意され、自分が立てる物音をよく聞くようにアドバイスされました。

テーブルの水拭《みずぶ》きも、木目《もくめ》に沿って丁寧に拭く。

お客さんには見えない押入れやキャビネットの中までも、整理整頓する。

人の手が触れるドアノブやスイッチは念入りに磨く。

さらに、廊下、玄関、前の道路まで掃き清めます。

思った以上の徹底ぶりに、驚きました。

はじめは正直、

「あまり汚れていないのに、こんなに掃除する必要があるのかな」

「一件の鑑定にこんなに労力かけるって、コスパ的にどうなの？」

と疑問に思っていました。


するとある日、羽賀さんがこんなことを教えてくれました。


「掃除ってね、空間に〝貸し〟を作ることなんだよ。

場が乱れると、空間のエネルギーがなくなっていく。

エネルギーの低い空間というのは、いるだけでエネルギーを奪われてしまうから、元気も、運気も、なくなっていってしまう。そういう空間のことを〝ケガレチ〟って言うんだ。

逆に、**エネルギーの高い空間は、その場にいるだけで気持ちがよくなる。頭もスッキリして、元気になる。**当然、運も良くなる。そういう空間は〝イヤシロチ〟という。だから鑑定は、始まる前の〝場づくり〟でほとんど決まっているようなものだね。掃除をして、物にも生命《いのち》があると思って丁寧に扱って、**空間にエネルギーの〝貸し〟を作っておくと、空間に応援してもらえる**んだよ」

「空間に応援してもらえる」ってどういうことなんだろう？……とは思いましたが、その話を聞いてから、掃除の姿勢が改まりました。

無心になるくらい、丁寧に、かつ素早く、汗をかくほど一所懸命に体を動かしました。すると、気づけば、体は疲れているけれど、気分は爽快で、思考もクリアな状態になっていました。何日も続けていると、だんだん空間と仲良くなれたような感覚が出てきました。

空間にも元気なときと、疲れているときがあるんだな、ということがなんとなく感じられるようになったのです。

空間が疲れていると感じたときは、実際、部屋のどこかが汚れていたり、ものの配置が乱れていたりするものですが、それをいちいち探さなくても、パッと直感的に感じられるようになりました。

それがわかるようになってからは、掃除のスピードも速くなりました。どこが乱れていて、どこをきれいにすべきか、すぐにわかるようになったからです。

それと時を同じくして、ある変化に気づきました。

驚いたことに、鑑定のお客さまと打ち解けるのが早くなったのです。なぜか、すぐに心を開いて、話をしてもらえることが多くなりました。さらに、パッとひらめいて話したことが、見事にそのお客さまに響いたり、やたらタイミングが合うようになったのです。

「そうか！　これが空間に応援されるってことか！」と実感しました。

このように、**空間を愛することで、自分自身も、空間に愛される人になれるのです。**

家や職場がイヤシロチならば、その空間を使っている自分も当然、運がよくなります。しかも、そこを訪れた人もまた、人生がよくなっていきますから、あなたの運のエネルギーは、さらに貯まっていきます。

あなたも家や職場で、ぜひ率先して掃除をしてみてください。誰かに認められることがなくても、空間は、ちゃんと覚えてくれています。そこで過ごすあなた自身も、まわりの人も元気になって、良いエネルギー循環が起こるはずです。

## 運のエネルギーを貯めるポイント②
# 愛の押し売りをやめよう

人を喜ばせる行為は、自己満足にも結びつきやすいので要注意です。

相手が喜んでいるからといって、何でもかんでもお金を渡したり、物を買ってあげたりすればいいというものではありません。

**見返りを求めず、ただただ相手の幸せを願う、素朴な気持ちが大切です。**見返りを求めて何かをするということは、結局は相手のためではなく、自分のためにやっていることだからです。

たとえば、下心があって女性に食事をおごってあげるとか、高価なプレゼントをするのは、何らかの見返りを期待してやっていることなので、運のエネルギーは貯まりません。

子どもに、なんでもかんでも買ってあげて甘やかすのも、運のエネルギーを貯めることにはなりません。

子どもに好きな服を着せて、欲しいものも揃えてあげて、習い事をさせて……、というお母さんは少なくありません。まるで子どもが着せかえ人形みたいになっていて、与えているものも、やらせていることも、すべてお母さんの趣味だったりします。

それは、本当に子どものためを思ってやっていると言えるでしょうか?

じつはお母さん自身が過去にやりたかったのにできなかったことを子どもに押しつけているだけ、もしくは見栄《みえ》をはりたいだけという場合がとても多いのです。

「よかれと思って」と、自分勝手な愛情を押し付けるのは、自分がかわいいだけです。

本当の愛は、見返りを求めない、無償の愛のこと。

100%無償の愛を、いますぐに実現するのはむつかしいとしても、「あ、これは純粋な愛じゃなかった」「どこかで、見返りを期待してたな……」と、気づき続けることが大切です。

## 運のエネルギーを貯めるポイント③

# コスパ脳を捨てよう

現代人にありがちな、なんでもコストパフォーマンスを求める考え方も、要注意です。

わたし自身、かつてはなんでも損得で考える、コスパ人間でした（笑）。

これだけお金を払ったんだから、もっといいサービスを受けて当然とか。

これだけしかお金をもらえないのに、こんなに労力をかけたらもったいないとか。

コスパ思考がクセづくと、思いやりとか、人の温かみとか、そういうものが見えなくなってしまうんですよね。

そうすると、得をする選択をしているはずなのに、どんどん心がギスギスしてきてしまいます。


日常の中で、「こんなにやってあげているんだから、〇〇してくれて当然」という不満が出るということは、いつのまにか、コスパ思考に陥っている証拠でしょう。

小賢《こざか》しく損得を計算する頭より、目の前に困っている人がいたら、思わず、手を差しのべてしまう真心《まごころ》のほうがずっと大切です。

新型コロナウイルスが流行し始めた頃のことです。マスクが品薄になって手に入らず、備品発注担当のスタッフは困っていました。いつもの通販サイトは欠品。手分けして朝からドラッグストアに並んでも、全スタッフに必要な分には足りません。

そこへ、自宅から大量のマスクを持ってきてくれるスタッフが現れたのです。

「花粉症なんですけど、だいぶ前に注文したときに桁を間違えて買いすぎちゃったから、家にいっぱいあるんです。こういうときなんで、みなさんで使ってください！」

とのことでした。

決して高価なものではありませんが、困っていたのでみんな本当に助かりました。社内で、そのスタッフの株が上がったのは言うまでもありません。

物やお金を独占せずに、目の前で困っている人のために、もったいぶらずに使ったらよいのです。そうやって出ていった分は、**見えない世界に運のエネルギーを貯金した**のだと、考えておけばいいでしょう。

そうしていると、不思議と、運が良くなっていきます。

そもそも、人を助ける、人を育てる、という尊《とうと》い行いは、コスパなんて求めていたらできません。

仕事のノウハウや得する情報は、他人に教えたくないと思ってしまうことがありますよね。自分が優位に立ちたいという意識から、人は情報の出し惜しみをしてしまいがちです。

それこそ、教えてあげることが、コスパが悪いどころか、時には損をしたように思うこともあるかもしれません。でも、現実的にはなにも得をしないようで、じつは見えない世界ではエネルギーを貯めていることになるのです。

**損得勘定はいったんわきに置いて、出し惜しみしないことが大切です。**

せっかく持っているものは、人を幸せにするためにフル活用しましょう。

自分が人から聞いてためになったことや、感動したことをシェアするだけで人の役に立ちますよね。役に立つ情報や、学び・気づきを自分のところで止めずに、次の人に渡してあげることでいい循環が生まれ、運のエネルギーも貯まっていくのです。

## 運のエネルギーを貯めるポイント④

# 自分が偉いと勘違いしない

人に何かを教えるときに注意したいことがあります。

上から目線にならないようにということです。

わたしも占い鑑定やセミナーをする身ですから、くれぐれも注意するようにと、北極老人から言われてきました。

以前、北極老人の30年来の友人が訪ねて来られたときのことです。そのご友人は、北極老人と久々に話をして、こうおっしゃったのです。

「キミはすごいね。ふつうなら、こんなにたくさんの弟子がいたら、もっと偉そうな態度になりそうなものなのに。いい意味で、昔のままだ。どうしてそんな謙虚でいられるの？」

その問いに対して、北極老人はこのようなことを言っていました。

たとえば、道を歩いていて、誰かに、

「あのー、京都駅ってどっちですか？」と聞かれたとします。

そのとき、鼻高々に、

「はーっ、はっ、はっ。よくぞ聞いてくれたね。私ほど京都駅までの道に詳しい人間はいないのだからね。それでは教えてやろう」

なーんて、えらそうに言う人はいません。

たまたま自分は京都駅の近くに住んでいたので京都駅までの道に詳しかっただけで、偉くなったわけでもなんでもないのですから。

相手が大人であれ、小さい子どもであれ、「こういうルートで行ったらいいですよ」とか「途中に踏切があるから注意してくださいね」と親切に教えてあげればいいだけです。

北極老人からすると、他人が知らないことを自分が知っているからといって得意げになるのは、まるで鼻高々に道案内をしているくらい、ばかげていることなのだと。

その話を聞いて、わたしはすぐに人に偉そうにしてしまう自分のことが恥ずかしくなりました。だって北極老人に比べたら、自分なんてまだまだヒヨッ子同然なのですから！

それ以来、わたしも人にものを伝えるときは、そのことを思い出して自分をいましめています。

第4章

# 無限のパワーに応援される願いの立て方

# あなたの願いの9割は、本心ではない⁉

さて、ここからが重要なお話です。

みんなに共感されて、応援されるような「願い」を持つこと。それが、新しい時代の開運につながるというお話でした。

それだけ聞くと、今日からすぐにでも、できそうですよね。

しかしこれは、そんなに単純なお話でもないんです。

なぜなら、「自分の願い」は、自分のアタマで簡単にコントロールできるものではないからです。９割以上の人は、自分が本心で何を願っているのか、わかっていません。わかったつもりになっているだけです。

その証拠に、

・やろう！　と決めたことが、いつも三日坊主で終わる

・ダイエットのため食べない！　と決めたのに、つい手が出る
・ここぞという大事な日に、いつも寝坊する
なんてことが、人の常じゃないですか。


人はすぐに、言っていることと、やっていることが、ちぐはぐになってしまうものです。

あなたのまわりにも、いませんか？　本人は「みんなのために〜」とか「社会貢献で〜」なんて言っているけど、実際にやっていることは、すごく自己満足的に見える人（笑）。

どうして、そうなるのでしょうか？

「意識の構造」を知れば、その理由がわかります。


人の意識は、顕在意識、潜在意識、無意識の、3つの層から成り立っていると言われています。

有名な精神科医ユングは、これを、海に浮かぶ氷山にたとえました（下図）。

人間の意識は海に浮かぶ氷山に例えられる

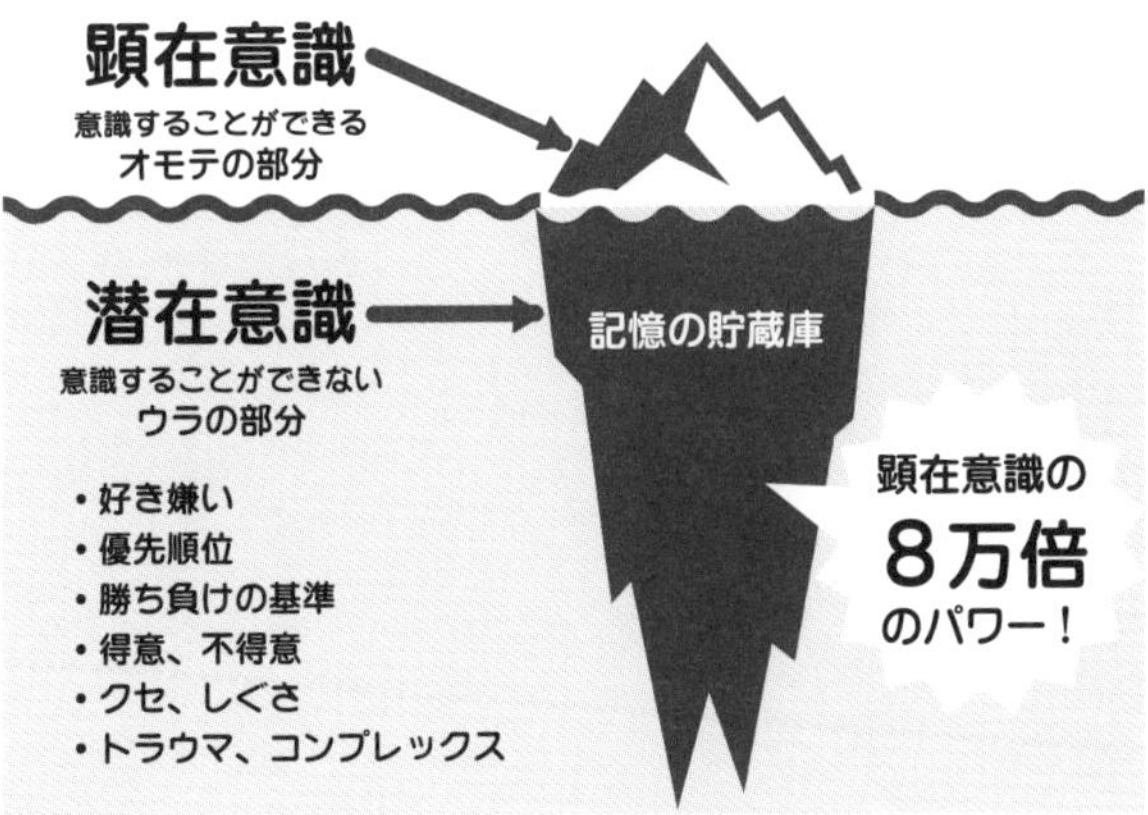

「顕在意識」とは、意識することができるオモテの部分です。
ふだん、物事を考えたり、判断したり、思い出したりするのは顕在意識の働きです。
「潜在意識」は、ふだん、意識することができないウラの部分です。
あなたの本心が潜んでいるのが潜在意識で、人がなんとなく決めている

・好き嫌い
・優先順位
・勝ち負けの基準
・得意、不得意

といったものもすべて、潜在意識が支配しています。人によって違う当たり前の感覚や、クセ、しぐさなども、潜在意識が決めています。

おどろくべきことに、潜在意識には、今までの人生で、見たこと、聞いたこと、感じたことなどが、すべて記憶されていると言われています。いわば、記憶の貯蔵庫のようなものです。この貯蔵庫から、浮かび上がってきた情報が、わたしたちの無自覚な判断や行動に、結びついているということです。

注目すべきは、さきほどの図のように、顕在意識よりも潜在意識のほうが、圧倒的に大きなウエイトを占めていることです。潜在意識の強力さたるや、じつに顕在意識の8000倍！　とも言われています。

ですから、アタマ（顕在意識）で、「みんなのために〇〇を実現するんだ！」と意気込んでいても、潜在意識が納得していなければ、行動がともなわず、途中で言い訳してやめてしまいます。結局、ただの口だけヤローになってしまうのです。

このようにして、多くの人は、自分の潜在意識をコントロールできず、それに翻弄《ほんろう》されています。

潜在意識を活用して、みんなに応援される開運人生を歩むためには、ふだん使っている言葉を変えてみることです。

本書のテーマである「宣《の》る（ノル）」には、大事なことを言葉にするという意味があると、すでに書きました。それはまさに、自分の意識の深いところに、言葉を届けるということです。

あなたが日々使っている言葉が潜在意識に届きます。そして、あなたの人生がつくられていくのです。

# 潜在意識を味方にして思い通りの自分になろう

世間では「潜在意識を味方につけて、願いを叶える（引き寄せる）」というものが流行っています。

叶えたい願いや、達成したい目標があるときは、この手法がバツグンに効きます。

潜在意識を味方につければ、実際に、ふつうの何倍、何十倍もの早さで、目標を達成したり、ものごとを習得したりできるようになります。

なぜなら、夢や願望を叶えるために必要な情報を、潜在意識のアンテナが自動的にキャッチするようになり、自分自身の秘められた能力も目覚めてくるからです。

それによって、今までにないアイデアが閃くようになり、考え方も前向きになります。苦手だったことでも、「できる！」「わかる！」と思えるようになります。さらには対人関係においても、積極的になれたり、好印象を持たれるようになったりします。

こうしたことが引き金になり、以前の自分では考えられなかったような、まさしく、ラッキーとしか思えないようなチャンスが転がり込んでくるようになるのです。

次のような方法で潜在意識を味方にすることができます。

・自分は素晴らしい人間だと、無条件に肯定してあげる
・常にまわりに感謝して、人を下げるような発言、文句、不満は口にしない
・ネガティブワードをさけて、ポジティブワードを口グセにする
・自分との約束は必ず守って、「できた！」という小さな成功体験を重ねていく
・できるだけプラスの情報を何度もインプットする（見る、聞く）
・目標を達成した自分をイメージして、なりきって、その気分をありありと感じてみる
・「〇〇することができました。ありがとうございます」と先に感謝する

これらのことを習慣化して、まずは3日、次に7日、次に21日を目標に続けてみましょう。

たとえば、「人前で話すのが得意になりたい」という人は、

・毎日5分でもいいから、自分が目標とする人のスピーチの動画を見る
・それをそっくりそのままコピーして、一部でもいいから完ぺきに言えるようにする
・「私はスピーチの天才になりました。ありがとうございます」と、毎日100回唱える
・大勢の聴衆のまえで、堂々と演説している自分をイメージして、いい気分に浸る

といったことをするといいでしょう。わたしも、急遽セミナー講師を務めることになったとき、実際にこのようなことをしました。もともとビビリなところがありますが、この工夫のおかげで、本番でも緊張しすぎることなく、しっかり話し切ることができました。

なかなか目標を達成できなかったり、何をやってもいつも中途半端で終わってしまう人は、意思が弱いからそうなるのではなく、潜在意識の扱い方を、知らないだけなのです。潜在意識のチカラを活用すれば、案外、カンタンに達成できることは多いのです。もちろん、仕事、勉強、恋愛、スポーツ、どんなことにも応用可能です。

※ただし、潜在意識は「急激な変化を恐れる」という特徴があるので、いきなり高すぎる目標設定はしないようにしましょう。はじめは手頃なゴールを設定して、少しずつハードルを上げていくのがおすすめです。

# なぜ、宣《の》り（宣言）が大事なのか？

人生は言葉によってつくられます。人の行動や感情、好みすらも潜在意識によって決められていますが、この**潜在意識に働きかけるのに最も効果的な方法が、言葉で意識を方向付ける（＝「宣《の》る」）ことです。**

**発する言葉を変えることが、開運の第一歩なのです。**

あなたがアタマのなかでずっと考えていること（脳内会話）や発する言葉は、潜在意識に大きく影響しています。開運しない人は、運が悪くなる言葉を毎日、潜在意識に聞かせてしまっているのです。

たとえば、一日の脳内会話が、

「わたしには無理だ」

「わたしはダメだ」

「あいつが嫌い」

といったネガティブな言葉、言い訳や不平不満、人や自分を責《せ》める言葉でいっぱいになっている人は開運できません。


潜在意識がつくられるサイクルは、まず言葉で宣言して方向づけ、それを実行し、完了するというパターンの繰り返しです。言葉で「今日はこれをやる」と宣言し、実行するという有言実行を繰り返していくと、「わたしが言葉で宣言したことは、実現するんだ」という潜在意識がつくられるのです。


逆に、宣言したものの、それが実行されないというサイクルが続けば、潜在意識は、

「どうせ、言っても実現しないでしょ」

と学習してしまうので、宣言した願いが叶わない体質になってしまいます。


ふだんから「できない理由」を並べ続ける人は、現実にも「できない」ことを証明するような行動をとってしまい、「わたしはやっぱりできない」という結果でこのサイクルを完了させるので、また潜在意識が強化される……という悪循環にはまってしまうのです。

こういう人は、言葉によって人生をがんじがらめにしてしまっているといえますが、逆に、言葉を変えれば、今からでもその負のループから抜け出せます。

たとえば「今から歯を磨きます」と宣言してから歯を磨く。そんな小さなことからでもいいのです。自分とのちょっとした約束を守ることの積み重ねで、潜在意識は書き換えていけます。

## 無限エネルギーとつながる魔法の言葉

さて、さきほどの氷山のたとえで、
顕在意識は、氷山の海の〝上に見えている〟部分
潜在意識は、氷山の海の〝下に隠れている〟部分
だということをお伝えしました。

そのさらに奥にある、**広大無辺な〝無意識〟を活用した開運法**があります。
無意識は、たくさんの氷山が浮かんでいる、果てしない海そのものです。わたしたち人間の意識というのは、一人ひとり、バラバラに存在しているように見えて、その根底でつながっています。

顕在意識が「1」、潜在意識が「80000」だとしたら、無意識は「∞（無限大）」といってもいいくらい、ケタ違いの存在です。

潜在意識は、「自分」の意識のウラとつながっていますが、無意識は、「みんな」の意識のウラとつながっているからです。「みんな」とは、家族、コミュニティ、チーム、会社、地域、国、世の中、世界、人類のことです。

　ですから、無意識のパワーは、いわば人類の共有財産であって、私利私欲（自分だけの利益や欲望）のためには使えません。「みんな」からの応援の気持ちが働いたときに、はじめて無意識のパワーをお借りすることができるのです。

　北極老人が塾長を務めていた大学受験塾ミスターステップアップでは、この無意識のパワーを味方につけるという、すごい勉強法が教えられています。その名も、「限界突破勉強法」（『E判定からの限界突破勉強法』（KADOKAWA）という書籍として出版されています）。

**「あなたの意識」は「みんなの意識」とつながっている**

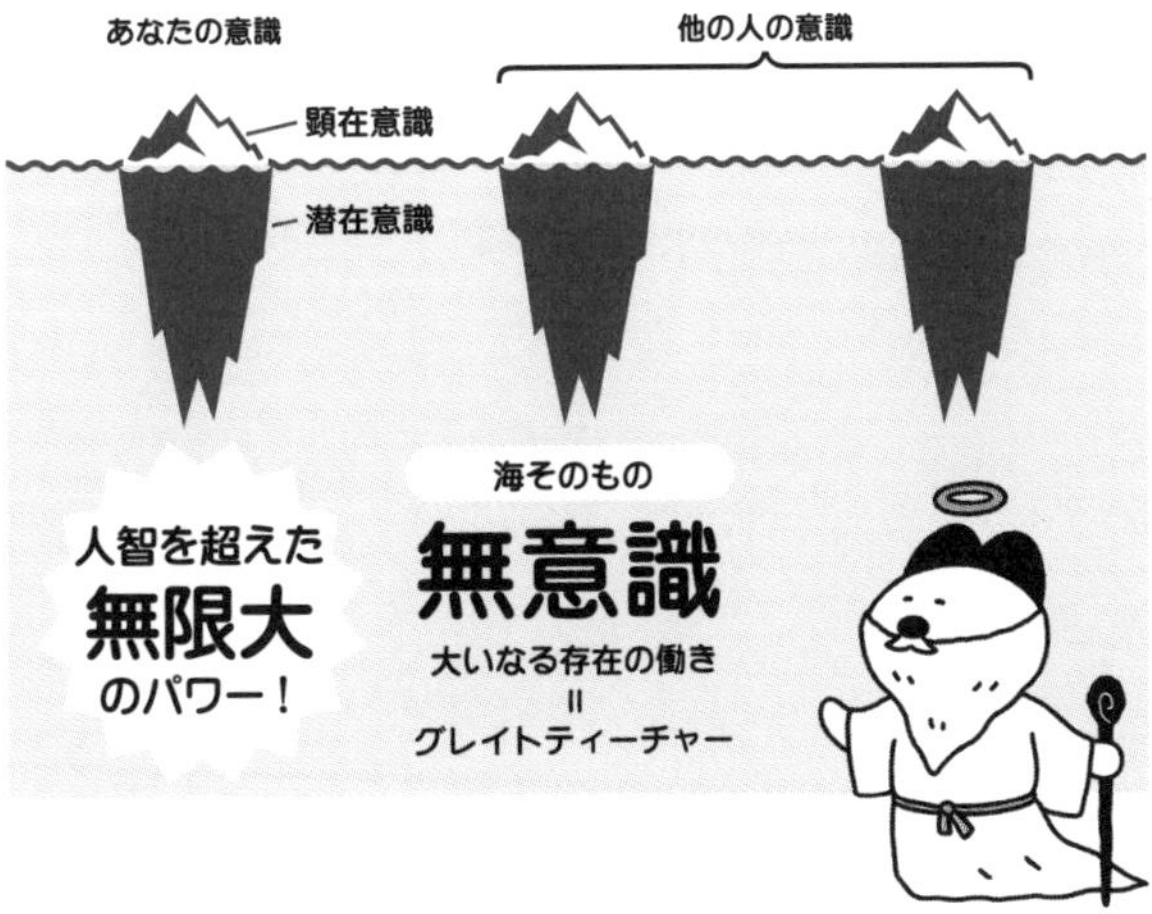

この勉強法を実践する受験生は、たとえば医学部志望だったとしたら、毎日、次のように宣言をして、勉強をスタートします。

**「私の潜在意識さん、無意識さん、私は必ずや立派な医者になって、世のため人のために尽くします。○○大学に合格させていただき、ありがとうございます！」**

実はこのフレーズが、無意識を味方にするための〝魔法の言葉〟になっているのです。あなたは、自分のことしか考えない人と、世のため人のために尽くす人がいたら、どちらに医者になってほしいですか？　当然、後者ですよね。いい人にこそ医者になってほしいし、応援したいとも思うはずです。全人類の無意識も同じです。だから、「いい医者になる」と宣言し、まさにその姿勢で勉強し続けることで、無意識のパワーが味方になるのです。

すると、何が起こるか!?

・たまたま、問題の解き方を思いついた！
・たまたま、前日に勉強したところが試験に出た！

・たまたま、知ってる問題が試験に出た！

いいえ、たまたまなんかではありません。これこそが、無意識のパワーなのです。実際にミスターステップアップでは、このような奇跡を経験する受験生が、毎年、何人もいます。これは受験生の例ですが、どんな人でも応用可能です。

**無意識が味方になると、自分が願いを叶えるために必要な、情報、タイミング、エネルギー、出会いなどとつながることができるのです。**

そうやって、**人を真の開運へと導いてくれる、不思議な働き（大いなる存在）**のことを、わたしは**「グレイトティーチャー」**と呼んでいます。

さぁ、あなたは、どんな自分になりたいですか？　何を手に入れたいですか？

その願いをもとに、あなただけの宣言文をつくってみましょう。

一カ月後、一年後、十年後……、それぞれ、できる限り具体的にイメージしながら、叶えたいことを紙に書き出します。ここで書き出した「あなたの願い」を「みんなの願い」と結びつける魔法の言葉があります。

**「グレイトティーチャー様、○○を手に入れる（を叶える）にふさわしい自分に成長することができるように、お導きください。わたしは、いい人間になります」**

あなたが成長して、いい人間になることは、人類も、宇宙も、みんなが望んでいることです。だから、この「成長」や「いい人間になる」という文言を付け加えるだけで、無意識のとてつもないパワーに、応援してもらうことができるのです。

この宣言文を紙に書き、部屋に貼ったり持ち歩いたりして、毎日、唱えてみてください。おすすめは、朝起きてすぐと、夜眠る前です。

この無尽蔵《むじんぞう》なパワーを味方につけることで、思いもよらぬ、運命的な出会いに恵まれるようになります。

全人類につながる無意識のネットワークから、グレイトティーチャーがあなたに必要な〝ご縁〟を探しあて、結んでくれるからです。

この働きこそが、潜在意識と、無意識との、決定的な違いだといえるでしょう。

そして、これからの「共感の時代」には、こうして結ばれる、人と人とのつながりこそが、最高最大の財産になるのです。

# 願望が叶うほど、なぜか幸せが遠のく理由

ちょっとショッキングなお話をします。

わたしたちは、およそ2000年間、ずっと競争の時代を生きてきました。その長い歴史のなかで、DNAレベルで植え付けられた、さまざまな〝幻想〟があります。

わかりやすいところで言えば、「他人と能力を比較して、落ち込んでしまう」という、誰もが抱いている感情も、その幻想から生まれてくるものです。無意識のうちに、他人と自分とを比較して、競い合っているのですから！劣っていたら、自分はダメだ……とヘコみ、勝っていると思ったら、いい気になる。このようなことを日々、心のなかで繰り返してしまうわけですが、どんな分野でも上には上がいますから、このような〝比較〟をやめない限り、心が穏やかになる日は訪れません。

能力の優劣だけで人の価値を判断することが、そもそも幸せになれない考え方なのです。

新しい時代が来ているのですから、古い考えはとっとと捨ててしまいましょう！

数ある中でも、開運するために、いちばんに外しておきたい思い込みがあります。

それが、**「願いが叶ったら（ほしいものが手に入ったら）幸せになれる」という幻想**です。


えっ？　それ当たり前じゃないの？　と思った方、要注意です！

ほしい物を手に入れたら、幸せになれる。

これは現代人にかけられた洗脳ともいっていい考え方なんです。

人が**「あれさえ手に入れば、自分は幸せになれる」**と思い込んでいるとき、それはあるときの状態に似ています。それは**〝恋に恋をしているとき〟**です。

恋心、というと、なんだか美しいもののように語られがちですよね。

ドラマでも、映画でも、アニメでも、いちばん多いのは〝恋愛もの〟です。

わたしたちは、そういう社会にどっぷり浸かっているものだから、

「恋愛って、いいよね」

「恋が実る＝幸せ」

みたいな価値観（恋愛至上主義）が、世界人類規模で、無意識にインプットされてテし

まっているのです。

でも、実際のところ、いわゆる〝恋愛感情〟のほとんどが**「絶対に手放したくない」という執着心**や、**「自分だけのものであってほしい」という独占欲**に近いものがあります。

だから恋愛関係がもつれると、「あの人に奪われた……」「あいつさえいなかったら……」という競争心、嫉妬《しっと》、憎《にく》しみ、恨《うら》み、暴力に変わって、大変なことになるじゃないですか。

結局のところ、恋心と呼ばれる感情の多くは、**「人からスゴイと思われたい（自己顕示欲）」や「自分かわいさ（自己保存欲）」の延長線上**にあるものです。

恋人を自分だけのものにしたいから、他の人と仲良くされたくない。だから相手を束縛するし、ときに凶暴にもなる。ハッキリ言って、そういう恋愛は、愛し合っているとはいえません。だから、エネルギーの奪い合いが起こって、結果的に運が悪くなるのです。

ほら、学生時代とか、彼氏彼女ができたからといって、急に〝ノリが悪く〟なったり、まわりに対して〝冷たく〟なる人って、いませんでしたか？

恋をすると、それ以外のものが見えなくなりがちです。

シェイクスピアの『ヴェニスの商人』に、こんな言葉があります。

**Love is blind, and lovers cannot see the pretty follies that themselves commit.**
**（恋は盲目で、いったん恋に堕《お》ちると、ちょっとした失敗すらも目に入らなくなる。）**

この言葉どおり、人は恋をすると理性を失ってしまいます。

人柄まで、ガラリと変わってしまう人もいますよね。

そういうときって、勉強もスポーツも成績が落ちるし、友だちからも「なんだよアイツ」と疎《うと》まれます。で、だいたいそういうカップルは長続きしませんよね。

あるとき、ふと我に返ったように、「夢でも見てたのかな……、どうしてあんなに夢中になってたんだろう？」なんて思うものです。


恋愛感情に火がつくと、自分のことしか見えなくなることがあります。

そして、「みんなの願い」なんて、そっちのけになってしまうことがあるのです。

だから、わたしはよく、恋愛の相談を受けたときに、このようにアドバイスします。

「好きな人ができたのなら、その人にだけ優しくするんじゃなくて、むしろ、まわりの人にこそ思いやりをもって、優しくしてくださいね」と。

「別にわたしは、いま好きな人いないけど……」という方もいらっしゃるかもしれませんが、恋する対象は、なにも異性とは限りません。

アニメのキャラに恋をする人、
アイドルに恋をする人、
お金に恋をする人、
仕事に恋をする人、
趣味に恋をする人、
才能に恋をする人、
成功に恋をする人、
結婚に恋をする人、
自分に恋をする人、

もしかすると、あなたが「あれさえ手に入ったら、もっと幸せになれるのにな……」と思っている〝それ〟は、実は恋心が見せている〝夢幻《ゆめまぼろし》〟かもしれないのです。

夢をつかんだら、幸せになれると思っていたのに、叶ってみたら、想像していた幸せは手に入らなかった。そんなのは、よくある話です。

その夢から覚めたとき、本当に大切なものが見えてくることが多いのです。

# 成功を手にしたオトコが最後につかんだもの

わたしは大学生の頃から、「成功」に恋をしていました。

いろんなセミナーをハシゴしては、その度に、

「自分も来年には成功者になるんで、仲良くしてください！」

「今年中に、月収１００万は越えます！」

なんて大口をたたいているうちに、成功者たちにうまいこと気に入られて、最先端の情報を仕入れては、自分のビジネスに活かしていました。そんなことを繰り返すうちに、ビジネスはそれなりに成功。一日に5分の作業で、収入は同世代のサラリーマンの2倍、３倍くらいはあったでしょうか。


時間に縛られることもなく、芸能人や有名人が集まるようなパーティーに行ったり、かわいい女の子と遊んだり、海外旅行で飛び回ったり。

そうやってはしゃいでいるときは、たしかに楽しいんですよね。

でも実のところ、成功しても、わたしは全く幸せではありませんでした。

お金や結果を手に入れたら、心も満たされると思っていたのに、相変わらず、心の中は不安だらけ。その不安を、派手に遊ぶことでごまかすしかなかったのです。


周りの成功者たちを見ても、やはり同じでした。

みんな、本当は幸せじゃないのを、デカい買い物をしたり、酒、女遊び、ギャンブル、海外旅行などで、紛《まぎ》らわせているようにしか見えませんでした。以前は尊敬していた人でも、近づいてみると幻滅することばかりで、不幸そうな人しかいなかったのです。


「こんなはずじゃなかった……」

ガムシャラにやってきたけど、もう以前のようなモチベーションは湧いてきません。この先、何を目指せばいいのか、途方に暮れてしまったのです。


こうして私の成功への恋は、完全に冷めました。

では、この場合、どうすればよかったのでしょうか？

当時のわたしは、「成功して有名になりたい」「まわりの人にスゴイと思われたい」ということばかりに、興味が偏っていました。だから、いざ成功を手に入れても、次に、どうしていいかわからなかったのです。

今にして思えば、成功して得た立場やお金を、もっとみんなのために使えばよかったのです。でも、あの頃は自分の成功に酔っていて、「自分で稼いだお金は、自分のもの」という〝自我〟が、がちがちにあったので、それができませんでした。

だから、まわりとの循環が起きなくなって、運が尽きていったというわけです。

ひとりよがりな願いばかり追い求めていては、運の波に乗り続けることはできません。

みんなから応援される人に成長して、その歩みをずっと止めないからこそ、どこまでも幸せが続いていくのです。

# 理不尽な環境でこそ運は開ける

みんなから応援される人になる、いちばんの方法があります。

「みんなと共通の目標をもって、その達成にむけて努力すること」です。

そういう意味で、「会社」というのは、自動的にその機能が備わっている、理想的な環境といえます。

しかし、今の時代は、会社勤めよりも、「フリーランス」「起業」「独立」に憧れる人が多いようですね。

実は、わたしが大学時代に起業した理由も、「会社に属すのがイヤだから」でした。

当時、まわりと違う生き方がしたかったこともありますし、お金や時間を自由に使いたい、自分の力でのし上がりたい、という気持ちが強かったのです。会社だと、人間関係もめんどうだし、尊敬できない上司のもとで働きたくないという思いもありました。ラクして稼いで、早々にセミリタイアすることに憧れていたのです。

起業して3年ほどで親の年収を超え、その後も成功の道をまっしぐら。夢が叶いました。でも、その後が悲惨でした。遊びで大金を使って、失敗したビジネスもあり、結局のところお金はほとんど残りませんでした。

さらに、まわりの人間関係も崩れていき、ほとんど何も残らなかったのです。


わたしが今、一緒に活動している仲間のなかにも、かつて同じような思いで起業したというメンバーが何名かいます。


そのうち一人は、有名ブロガーのAさん。

彼女も、会社での人間関係がイヤで、会社員をやめてブロガーとして起業しました。はじめのうちは、極貧生活をしながら、ほとんどアクセスがなくても、記事を書き続けました。すると、ある記事がヒットしたことから、人気が出て、本を出版するほどの人気ブロガーになりました。

ただ、人気ブロガーというと聞こえはいいのですが、当時の生活は、ほとんど一日中、家にいて、夜中に暗い部屋でひたすらブログを書いている。もしくは、ひたすら映画を見る……。人と関わるのがイヤで会社を辞めたはずなのに、気づけば、人とのつながりがなくてさみしい自分がいる。完全に、精神的に病んでいたそうです。

また、アフィリエイトで起業した男性のSさん。

彼は、勤めていた銀行で上司や部下との関係がうまくいかず仕事を辞めました。そして独立して、自分が好きなアニメのサイトを立ちあげ、広告アフィリで成功。ほとんど働かなくても月収100万を達成していました。好きなことだけやって、ほとんど働かなくていいなんて最高じゃん！　と思ったのも束《つか》の間《ま》、いざヒマになると、やることがなくて、虚しいだけだったとか。そして、自堕落《じだらく》に歯止めがかからなくなっていって、夜中に寿司を食べ歩き、ポテチを何袋もあけていました。そうやって無意識のうちに食べ物で心の穴を埋めようとしていたけれど、体が太るばかりで、心は満たされないままだったといいます。

2人の共通点は、「人との関わりがイヤになって、会社を辞めて起業した」ということです。

しかし、こうした実例を通してわかるように、結局、会社を辞めたところで、**人は誰かと支え合うことなしには、生きていけません。**それが現実なのです。

フリーランスだからといって、好きな仕事だけをして、好きな人とだけ関わって、ハッピーに生きていける、なんていうのは幻想です。

最近では、すぐに「社畜」だ「ブラック企業」だのと言われがちですが、会社で経験する、さまざまな理不尽によって、学べることがあるということを忘れてはいけません。わたしの人脈のなかでも、「この人は本当に仕事がデキる！」と感心した人は、かならず人生のどこかで、ちょっとブラックとも言えるくらい理不尽な環境で鍛えられた経験をお持ちでした（決してブラック企業を推奨《すいしょう》しているわけではありませんよ。でも、本当に世のため人のためになるような、いい仕事ができる人になる道のりは、そんなに甘くないってことです）。


みんなと共通の目的をもって、その達成にむけて努力するなかで、

「自分の願い」＝働きがい、自分の成長、職場での良い人間関係……

「会社の願い」＝社長の理念、会社の利益、お客様の幸せ……

とを、両立させられるように努力すれば、相当、鍛えられるでしょう。自由気ままに働くよりも、よほど他人に気配りできる人になれるはずです。


ともに働くメンバーの中には、気が合わない人、いつも意見が食い違う人、理不尽なことで怒ってくる人、困ったときいつも味方してくれる人、いろいろな人がいるでしょう。だからこそ、〝自我のカベ〟をどんどん壊していけるのです。

# 150人の中でイチバンの得意分野を見つけよう

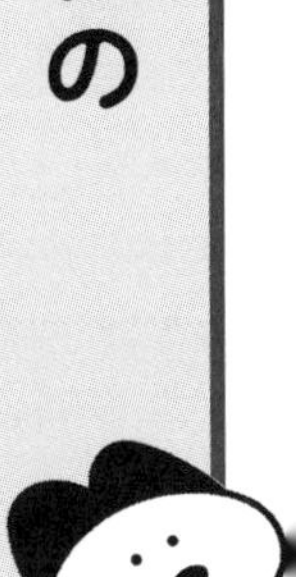

わたしが占い鑑定で、特に20代の男性によくお伝えしていることがあります。

それは、「20代までは苦労したほうがいい」ということです。

若いうちは苦労を買ってでもしろ、という言葉もあるように、たとえばひとつ仕事を始めたのなら、少なくとも3年は続けてみましょう。20代のうちに、理不尽なこと、イヤなこと、苦手なことを乗り越えた経験は、後の人生で間違いなく役立ちます。

わたしがよくお伝えしているのは、**「何かひとつ、これだけは誰にも負けない、という得意分野を見つけましょう」**ということです。

「誰にも負けない」とは言っても、なにも世界のトップを目指す必要などありません。イメージ的には、中学校で〝学年でイチバン〟になれるくらいの得意分野があればいいのです。

人が、親しい人間関係を結べる人数は、脳の構造上、150人が限界だと言われています。これをダンパー数といいます。ですから、学年でイチバンになれるくらいの実力があれば、どこに行っても「知り合いのなかで、○○に関しては、あいつがイチバン」と言われる存在になれます。

しかも、その得意分野は、どんなニッチ（せまい領域）でもかまいません。誤字脱字を見つけるのが得意。路線バスにやたら詳しい。モノマネが上手い。部屋がきれい。そんな小さなことでもいいのです。

わたしの仲間に、もともとWEBライターをしていた若い男性がいます。彼は、物静かな性格で、いつも仏頂面《ぶっちょうづら》。人とコミュニケーションをとるのが極めて苦手でした。それが理由で〝書くこと〟を仕事に選んだものの、なかなか才能の芽が出ず……。

彼の上司も、「マジメにがんばってるのはわかるけど……」と、頭を抱えていました。

そんなとき、ちょうど彼が担当していた飲食店にヘルプで呼ばれる機会がありました。繁忙期《はんぼうき》で手が足りないからと、商品の「リボン結び」を手伝うことになったのです。彼が、見よう見まねでやってみると、なんと、みんなのお手本になるくらい綺麗なリボンを結んだのです。

本人すらも気づいていなかった才能が、芽生えた瞬間でした。

それ以来、手先の器用さや観察力を買われて、しょっちゅうヘルプを頼まれるようになり、一年後には、料理人へと転身することになったのです。

このように、思わぬところから才能の芽が出てくることは少なくありません。

たいていの人は、自分が「好きなこと」の中から、才能を見つけようとします。たしかに、「好きこそものの上手なれ」といわれるとおり、それも一つの正解でしょう。でも、「自分が好きなこと」にしか興味がもてない人は、どんどん〝自我のカベ〟が、ぶ厚くなってしまいます。すると、みんなに喜ばれることや、求められていることが見えなくなり、独りよがりになって、うまくいかないことが多いのです。

こうした理由から、自分にどんな才能があるのか、自分自身で見極めるのは、けっこう難しいものなんですね。では、どうやって見つけたらいいのでしょうか。

そのヒントが隠されているのは、**まわりの人からの〝頼まれごと〟**です。

誰でも、他人に頼みごとをするとき、それがどんな小さな用事であっても「あの人なら、ちゃんとやってくれそう」と思う相手を、無意識のうちに選んでいます。頼まれる、ということは、選ばれている、ということなのです。だから、人から何か頼まれるたびに、「どうせなら、期待をこえる働きをしよう！」というノリで、誠実にこなしていると、自分でも気づかなかった才能が見えてくることが多いのです。

特に若い人は、無限の可能性を秘めています。だからこそ、**得意、不得意にかかわらず、「頼まれたら、何でもやります！」の精神が大事**になってくるわけです。

ただ、**平成世代の若者の傾向として、ちょっとしんどいことがあったときに、すぐに逃げたり、ひきこもったりしてしまう**ということがあります。

この世代の人が生まれ育ったのは、便利で、裕福で、なんでも手軽に手に入る時代。ある意味、がんばらなくても生きていけるせいか、「やればデキる」「なんとかなる」と思っている人が多いんですね。そのセルフイメージ（自己評価）の高さゆえに、若くして天才的な才能を発揮する人が多いのも事実です。

こんなエピソードがあります。以前、鑑定に来られた20代の男性Yさん。

彼のご相談内容は、「今の仕事を辞めて、声優になりたい」というものでした。

しかし、「なぜ声優なんですか？」「好きな声優は？」と聞いてみると、答えはすごく歯切れが悪いのです。その夢は、今の職場から逃げるための、言い訳にしか聞こえませんでした。

「今の職場が厳しいので、辞めたい」というのは、よくあるご相談ですが、その理由が、

・単に、イヤなことから逃げたいだけなのか

・本当に苦しくて、救いを求めるSOSなのか

よく見極めなくてはなりません。わたしのなかで、判断の基準にしているのは、**「ご本人の中で、やれることをやりきったうえで、出した結論なのかどうか」**です。

Yさんに、詳しく話を聞いてみると、今まで、仕事も、部活も、受験も、習い事も、ひとつの物事をやりきったことが一度もないことがわかりました。

Yさんには、このようにお伝えしました。

「人生、どこへ逃げても、イヤなことは追いかけてくるものです。今のYさんに必要なのは、イヤなことですら好きになれた、苦手なことですら乗り越えられた、という経験です。20代は、誰かの幸せのために〝あえて苦しい道を選ぶ〟くらいが、ちょうどいいでしょう。それが30代になってからの魅力になり、表現力に変わります」

Yさんは、逃げていたことを自覚されて、仕事を続けることになりました。そして、数カ月後、お会いしたときにはすっかり表情も明るくなって、「あのとき、ハッキリ言ってもらって、本当によかったです。職場でいちばん嫌いだった上司とも、今はいい関係になりました」と、感謝されていました。

このような例は、数えきれないくらいあります。

ひとつのことをやり抜く、その泥臭い経験が、後《のち》の大きな開運につながるのです。

# 愛することで幸せになれる

20代～30代の女性のご相談のほとんどが、恋愛・結婚に関するものです。

なかでも、20代の女性に多いのが、「さみしさを埋め合わせたい」と、異性に愛情を求めているケースです。心のなかで、頼りになる男性を求めている。でも、なかなか理想の男性にめぐり会えないため、表面的にさみしさを満たしてくれる男性のもとにはしっているのです。

しかし、当然ながら、そういう表面的な恋愛では、心から愛を実感することができません。その結果、恋愛でキズついて、無意識のうちに相手を恨んで、復讐するような行動をとってしまっている人も多いのです。

実は、彼女たちのさみしさの根源は、たいてい親子関係にあります。幼い頃に、親から十分に愛してもらえなかった記憶が、さみしさとなって表れているのです。

ひどい場合は、「私には、愛される資格なんてない」「私なんて、いてもいなくても同じ

だ」と、潜在意識で思い込んでしまっていることもあります。その場合、恋愛をしても、相手と親密になるにしたがって、「どうせ裏切られるんだ……」という恐怖心がわいてきて、自分から関係を壊すような振る舞いをしてしまうのです。

本心では愛されたいと思っている

←

でも自分から関係を壊してしまう

←

キズついて周囲を恨んでしまう

←

まわりの人に復讐してしまう

←

また愛されなくなる

←

（繰り返し）……

という負のループに入ってしまうのです。

このループを抜けるために、わたしがお伝えしているのは**「自分が、どうやったら人の役に立てるのか考えてみよう」**ということです。

運のしくみで見ると、男性は、仕事で役に立つのが王道です。女性は、仕事に限らず、まわりの人を心から〝応援できる人〟になることが大切です。

実は運命学において、男性と女性では、決定的な違いがひとつあります。

**男性は、自分で運気を生み出すことができない**

**女性は、自分で運気を生み出すことができる**

ということです。

肉体的にも、女性は新しい生命を産むことができますが、男性は、どうがんばっても、産むことはできませんよね。それと同じように、〝運気〟という観点でも、女性と男性は根本的に役割がちがうのです。

男性は、女性からの応援がなければ、絶対に開運することができません。成功している男性には、かならずウラで支えている女性の存在があるものです。

一方、女性は、人を応援すること、人を愛することによって、運気をみずから生みだすことができます。これは、すべての女性が生まれながらに持っている、すごい才能です。

だって、愛情を出せば出すほど、自分自身の運が良くなり、幸せになれるのですから！

**「わたしは、愛されないと幸せになれない」という考えから「わたしは、愛することで幸せになれる」という考えへと、シフトすることが幸せへの第一歩**です。


まずは、日常の小さなことから始めましょう。

たとえば職場で、仲間や上司から、

「○○さんがいてくれて、助かった」

「○○さんのおかげで、場が和《なご》んだ」

「○○さんの一言で、元気が出た」

と、お礼を言われるような行動を、心がけてみることです。

このときに気をつけたいことは、相手を選ばないことです。
振り向いてほしい男性だから、特別扱いするとか、
自分にメリットがある相手だから、応援するとか、
影響力のある人だから、大事にするとか、
そういうのは、誰でもやっていることです。でも、それは単なる〝かけひき〟であっ

て、愛情とは呼べません。むしろ、苦手な人や、好きになれない人に対する振る舞いにこそ、人間性が表れるものです。

好きでもない人に、親切にしたり、優しくしたりすることは難しいかもしれません。正直、わたしも、なかなかそれができませんでした。

でも、これができるようになると、人生は大きく変わります。

あなたのまわりにいる、一人ひとりを、心から〝応援できる人〟になりましょう。そうすれば、今度は、まわりの人たちから、愛情が返ってくるようになります。

自分の存在価値を、ちゃんと感じられるようになります。

すると、心の中の〝さみしさ〟は消えていき、なにか特別なことがなくても「幸せだなぁ」と、感じられるようになるのです。

「結婚したい」という願望のウラには、たいてい、「結婚したらずっと愛される（愛が保証される）」という思いがあります。でも、ハッキリ言って、それは幻想です。

結婚をしていようが、していまいが、「わたしは十分に幸せ！」と言える人だけが、結婚して幸せになれるのです。

# 自己犠牲という名の思い上がりに気づく

〝がんばりすぎ〟が開運を遠ざけているケースもあります。

とくに、40代、50代の方に、よく見られる傾向です。**昭和世代の特徴として、「ガマンは美徳」、「努力すればいつか幸せになれる」という考えが根底にあるのです。**

先日も、ある40代の女性が、相談に来られました。

介護職をされているのですが、仕事があまりに大変で、どうしたらいいかわからない、というお悩みでした。しかし、話を聞いてみると、その方は貯金もたくさんあって、働く必要もないのです。

「どうして辞めないんですか？」と尋ねると、「辞めたら、まわりの人に迷惑がかかるから……」とおっしゃるのですが、どよ～んと暗くて、悲壮《ひそう》感すら漂っているのです。

その方の運の流れを見たところ、3年前に、大きな運気の変わり目がありました。

つまり、その職場で学ぶべきテーマは、本来なら、もう3年前に終わっていたのです。

そのことをお伝えすると、その方はこのようにおっしゃっていました。

「たしかに、3年前までは今の職場が楽しくて勉強になると思ってました。でも、3年前くらい前から、仕事が苦しいだけになってしまったんです……」

この方は、結婚してからずっと、家事をしながら子育てをして、子どもが手を離れたら介護の仕事に就いて、自分の楽しみのために時間を使ったことがなかったそうです。

わたしからは、その職場を離れて、これからは楽しく、がんばらないで生きていきましょう、とアドバイスをしました。


まわりの人のことを思う気持ちは大切です。でも、行き過ぎると、それはただの自己犠牲になってしまいます。実際に、この方のように、言いたいことをガマンし続けて、自分自身がボロボロになってしまうケースもあります。そうなると、運も悪くなって、考え方も暗くなって、結局、誰の役にも立てません。それでは、元も子もないのです。いわゆる〝いい人〟ほど、そうなりがちなので、注意が必要なのです。

そんな方には、「まず、この状況を抜け出して、自分の人生を歩みましょう」とお伝えしています。


まわりに応援される生き方と、自己犠牲的な生き方は、違います。

## 「自分の幸せ」と「みんなの幸せ」とを、両立させることがゴールなのです。

「自分のことは、どうだっていい」「自分がガマンして済むなら、それでいい」と、口癖のように言う人には特徴があります。

自分のカラダやココロは、〝自分だけのもの〟だと思っているのです。

けれど、実はそれって、とても傲慢《ごうまん》な考えなのです。なぜなら、自分のカラダやココロというのは、産み育ててくれた両親や、その先につながるご先祖様や、数えきれないほどたくさんの人の助けや、大自然の恵みに支えられて、奇跡的に存在しているものなのですから。それを、粗末《そまつ》に扱ってしまうということは、自分を支えてくれている、みんな（すべての存在）を、粗末にしているのと同じことになるのです。

結局のところ、自己犠牲的な考え方には、「みんなへの感謝」が欠けています。悲劇のヒロインになって、ある種のナルシシズムに浸《ひた》っているようなものですから、当然、無意識にも応援されなくなり、運にも見放されてしまうのです。

「自分の幸せ」と「みんなの幸せ」は、決して天秤《てんびん》にかけるものではありません。自分の願いとみんなの願いを合わせて、その融合を目指すことが幸せのルートなのです。

## 実践ワーク「無意識のパワーを味方にする願いの立て方」

ここで少し、実践ワークをしてみましょう。

できれば、紙とペンを用意して、これから出す問いに答えながら、読み進めてみてください。

**◆今、あなたには、どんな願い（夢や目標）がありますか？**

はい、思い浮かべてみてください。収入をあげたい、会社で新しい役職につきたい、5キロやせたい、彼氏がほしい、一人暮らしがしたい、なんでも構いません。

では、次に考えてみてください。

**◆その願いが叶ったときに、誰が、喜んでくれますか？（具体的にイメージして！）**

**◆その願いが叶うことで、この世の中は、どんな風に良くなりますか？**

あなたの願いが、たくさんの人の喜びにつながり、この世の中をより良くするような願いなら、それをノリよく実行にうつすだけです。

けれど、もし、さきほどの問いの答えが浮かばないのであれば、次のように考えてみてください。

**◆その願いを、どう進化させたら、あなたの身近にいる人の喜びにつながるだろう？**
**◆その願いを、どう進化させたら、世の中をよくすることにつながるだろう？**

このように考えてみて、「自分の願い」と「みんなの願い」とを、つなげていきましょう。

ただし、いきなりムリをして、「世界平和を実現したい」とか「この世から病気をなくしたい」とか、そんな崇高《すうこう》な願いを持とうとしなくても大丈夫です。

素直に、あなたが思い描く理想の未来像をイメージしてみてください。そこからスタートして、「自分の願い」と「みんなの願い」との間にある〝カベ〟を、少しずつ突破していけばいいのです。

バスケットボールの神様といわれた、マイケル・ジョーダンですら、バスケを始めたきっかけは「好きな子にモテたかったから」だそうです。それで人並み以上にがんばれるんだったら、最初はそういう平凡な願いでもかまいません。

でも、ジョーダンも、どこかで願いが書き換えられて、個人の願いから、家族の願いへ、チームみんなの願いへ、そのチームのある街の市民たちの願いへ、さらに、全世界のファンの願いへ、どんどんスケールが大きくなっていきました。

バスケはチームスポーツですから、チームメイトや監督とぶつかりながら、時には、自分の好きなようにプレイできないこともあったでしょう。そのときに、「自分がいい成績をおさめたい」という自我のカベを、毎回、毎回、壊しながら、チームを優勝に導いていったはずです。

だからこそ、世界的スターにまで登りつめることができたのでしょう。

わたしの場合、今は「占い師として有名になって、六龍法占いをもっと多くの人に知ってほしい」と願っています。この願いは、以前の「成功して有名になりたい」という願いとは、ぜんぜん違います。

なぜなら、この占いを広めることで、たくさんの人が輝いて、もっといい世の中につながるということを確信しているからです。

今まで世の中に広まっていた、多くの占いは、「吉凶」とか「当たる・当たらない」で、未来を決めつけてしまうものばかりでした。それも仕方ありません。なぜなら、どの占いもその起源をたどれば、権力者が民衆を支配するために、使われてきた道具だったからです。実際に、占いが最も使われてきたのは、戦争のときでした。


占いによって、未来を読むことができれば、相手を支配することができます。

現代の占いでも、「あなたは、○○しないと、不幸になるわよ」とか、「あなたと彼の相性は最悪よ」といった〝脅《おど》し〟の要素がはいっているものが多いのです。すると、相談者は、知らずしらずのうちに、占い師に逆らえなくなって、コントロールされてしまいます。だから、商売にはつながりやすいのです。


しかし、北極老人から教わった占いは、それとは全く違っていました。

たとえ、占いで見たときに「不運になる（凶）」という結果が出ている人がいたとしても、それでも幸せになれる道を見つけるのが、本当の占いの役割だと教わったのです。

実際に、その占いによって、人生のドン底のような状況から、救われていく人たちを何人も見てきました。わたしも、そうか、どんな星のもとに生まれた人でも、運命を変えることはできるんだ！　と思うようになりました。

占いの世界から「吉凶」がなくなる日を夢見て、目の前の人の運命を変えることで、それを体現してきた北極老人。わたしが占い師になろうと決めたのは、そんな師匠の願いにノッたからです。

ですから、今のわたしの願いは、北極老人とも共通の願いになっています。

そして、それを実現することができたら、絶対に世の中は良くなると信じています。

とはいえ、北極老人はとてつもなく広い世界を見ているので、わたしは懸命に背伸びをしながら、その背中を追いかけているところです。

ありがたいことに、セミナーの舞台に立たせていただいたり、この本の出版のお話をいただいたり、次々に挑戦のチャンスがやって来ているので、その波になんとかノッて、ノッて、もう毎日が必死です。

そうやって、挑戦を続ける日々は、すごく危なっかしいようにも思われるかもしれません。でも、じつは、それこそが開運の波を引き寄せるポイントだと、北極老人から教わったことがあります。

**自分のことよりもみんなのことを思って率先して動いて、天の神様が「あぁ、こいつはムチャばかりしよって！　なんと危なっかしい！」と、思わず手を差し伸べたくなるような人にこそ、運気がプレゼントされるのだ**と。

あなたも、自分の願いを見直してみて、より多くの人の喜びにつながるような願いを立ててみましょう。あとは、それに向けてノリよく行動していくだけです！

# 第5章

# 六龍占いでわかる最強開運宣言

# 六龍法とは？

ここからは、無意識のパワーを味方につけるための、さらなる秘策に迫っていきます。

その秘策とは、〝六龍法占い〟を使って、あなたという人間が、この宇宙からどういう役割を求められているのかを知ること。そして、その理想の姿に近づくために、言葉（宣言）によって、方向づけすることです。

六龍の〝龍〟とは、〝流〟でもあり、運気の流れのことを意味します。日本には古くから龍神の伝説が数多くありますが、龍神とはまさに、大自然のエネルギーが流動する姿であり、人の潜在意識の中にも、龍が住んでいるのです。

その人が持って生まれた龍の性質を、「地・水・火・風・空・月」の6つのエネルギーに分類するのが六龍法です。

人間も自然の一部といえますが、大自然の中にある、月、太陽、水、風、大地などには、それぞれに役割がありますよね。それと同じように、人にもそれぞれ生まれ持った特性があるのです。

あなたは、持って生まれた特性を生かして、天に与えられた役割を果たしたとき、もっとも自然体でいられて、まわりからも感謝される人になれるのです。

自然物には、エゴがありません。だから、それぞれが与えられた役割を全うしています。大地が水になろうとか、太陽が月になろうとはしませんよね。
それぞれが与えられた役割を果たし、助け合うことで、調和して生きているのです。
もし、大地が水に憧れて、ゆらゆらしたら、地震が起きて大迷惑ですし、
もし、太陽が月のマネをして、満ち欠けしたら、動物たちは凍《こご》えてしまいます。

ところが人間だけは、自我がありますから、「自分はこうなんだ、こうしたい」という思い込みにとらわれて、望まれてもいない生き方をしてしまうことがあります。向いてないことを一生懸命がんばってしまうこともあります。

そして、自分のガラにもないことをやって結果が出ないと、

「自分はなんてツイてないんだ」と思ってしまうのです。

それは、ツイていないというより、持って生まれた特性、いわば「自然な姿」に合わない生き方をしているから、苦しいだけなのです。

たいていの不幸や不運は、その人が持って生まれた性質とかけ離れた生き方をしてしまっていることに原因があるのです。

**自分の役割や特性を知って、それに沿った生き方をしていたら、おのずから才能は開花します。世のため人のために何かをしたら、その分だけ感謝されますし、ご縁にも恵まれ、結果もついてくるようになります。**それが、あなたが最高に開運する生き方なのです。

このあと、六龍法の判定方法と、各龍の特性について解説していきます。

自分の龍の特性を知っているだけで、その情報は潜在意識にインプットされます。

すると、**あなたの本質が輝くように方向づけられ、運が良くなっていきます。**

六龍法は、知るだけで可能性が広がる占いなのです。

そして、このあとにご紹介する六龍別の「開運の言葉」はあなたの本質を輝かせ、運を良くする特別な宣言文です！

この「開運の言葉」を宣言することで、あなたの潜在意識の龍が目覚め、まさに龍の背中に乗ったかのように、一気に開運の流れにノルことができるのです。

自分の潜在意識に語りかけるように、毎日、朝起きたときや夜寝る前に唱えてみましょう。朝起きたばかりで頭がぼーっとしているときや、夜眠りにつく前のまどろみに近いようなときのほうが、意識の奥に言葉が届きやすくなります。

このとき、理想の自分になりきって唱えることで効果がぐんと高まります。

思わず笑顔になるくらい、もうすでに理想の自分になっているかのような感情や情景をイメージしながら唱えると、実現しやすくなります。

手帳に書いたり、紙に書いて部屋の目につくところに貼ったりして、いつもこの言葉を意識できるようにするのもおすすめです。

ぜひ、日々の生活の中にこの言葉を取り入れてみてくださいね。

## 六龍の判定方法
## ～生年月日で自分を知る～

①163ページ～165ページの表1から自分の生まれた年と生まれた月が交差する部分の数字を見ます。
②確認した数字に自分が生まれた日を足します。
③合計で出た数字を表2から導きます。その数があなたの運命数となります。
※数字が61以上の場合は、そこから60を引いた数字があなたの運命数となります。

**例：1985年3月12日生まれの人の場合**
①生まれた年と生まれた月が交差する部分の数字は35。
②生まれた日にちを足すと、35＋12＝47
③表2で確認すると41～50にあたるので風龍となります。
※本来の六龍の算出方法は東洋の暦を使用します。

六龍法サイトで
簡単に診断できます！

https://rokuryuho.com/

〈表１〉

| 西暦 | 元号 | 1月 | 2月 | 3月 | 4月 | 5月 | 6月 | 7月 | 8月 | 9月 | 10月 | 11月 | 12月 |
|---|---|---|---|---|---|---|---|---|---|---|---|---|---|
| 1950 | 昭和 25 年 | 32 | 3 | 31 | 2 | 32 | 3 | 33 | 4 | 35 | 5 | 36 | 6 |
| 1951 | 昭和 26 年 | 37 | 8 | 36 | 7 | 37 | 8 | 38 | 9 | 40 | 10 | 41 | 11 |
| 1952 | 昭和 27 年 | 42 | 13 | 42 | 13 | 43 | 14 | 44 | 15 | 46 | 16 | 47 | 17 |
| 1953 | 昭和 28 年 | 48 | 19 | 47 | 18 | 48 | 19 | 49 | 20 | 51 | 21 | 52 | 22 |
| 1954 | 昭和 29 年 | 53 | 24 | 52 | 23 | 53 | 24 | 54 | 25 | 56 | 26 | 57 | 27 |
| 1955 | 昭和 30 年 | 58 | 29 | 57 | 28 | 58 | 29 | 59 | 30 | 1 | 31 | 2 | 32 |
| 1956 | 昭和 31 年 | 3 | 34 | 3 | 34 | 4 | 35 | 5 | 36 | 7 | 37 | 8 | 38 |
| 1957 | 昭和 32 年 | 9 | 40 | 8 | 39 | 9 | 40 | 10 | 41 | 12 | 42 | 13 | 43 |
| 1958 | 昭和 33 年 | 14 | 45 | 13 | 44 | 14 | 45 | 15 | 46 | 17 | 47 | 18 | 48 |
| 1959 | 昭和 34 年 | 19 | 50 | 18 | 49 | 19 | 50 | 20 | 51 | 22 | 52 | 23 | 53 |
| 1960 | 昭和 35 年 | 24 | 55 | 24 | 55 | 25 | 56 | 26 | 57 | 28 | 58 | 29 | 59 |
| 1961 | 昭和 36 年 | 30 | 1 | 29 | 0 | 30 | 1 | 31 | 2 | 33 | 3 | 34 | 4 |
| 1962 | 昭和 37 年 | 35 | 6 | 34 | 5 | 35 | 6 | 36 | 7 | 38 | 8 | 39 | 9 |
| 1963 | 昭和 38 年 | 40 | 11 | 39 | 10 | 40 | 11 | 41 | 12 | 43 | 13 | 44 | 14 |
| 1964 | 昭和 39 年 | 45 | 16 | 45 | 16 | 46 | 17 | 47 | 18 | 49 | 19 | 50 | 20 |
| 1965 | 昭和 40 年 | 51 | 22 | 50 | 21 | 51 | 22 | 52 | 23 | 54 | 24 | 55 | 25 |
| 1966 | 昭和 41 年 | 56 | 27 | 55 | 26 | 56 | 27 | 57 | 28 | 59 | 29 | 0 | 30 |
| 1967 | 昭和 42 年 | 1 | 32 | 0 | 31 | 1 | 32 | 2 | 33 | 4 | 34 | 5 | 35 |
| 1968 | 昭和 43 年 | 6 | 37 | 6 | 37 | 7 | 38 | 8 | 39 | 10 | 40 | 11 | 41 |
| 1969 | 昭和 44 年 | 12 | 43 | 11 | 42 | 12 | 43 | 13 | 44 | 15 | 45 | 16 | 46 |
| 1970 | 昭和 45 年 | 17 | 48 | 16 | 47 | 17 | 48 | 18 | 49 | 20 | 50 | 21 | 51 |
| 1971 | 昭和 46 年 | 22 | 53 | 21 | 52 | 22 | 53 | 23 | 54 | 25 | 55 | 26 | 56 |
| 1972 | 昭和 47 年 | 27 | 58 | 27 | 58 | 28 | 59 | 29 | 0 | 31 | 1 | 32 | 2 |
| 1973 | 昭和 48 年 | 33 | 4 | 32 | 3 | 33 | 4 | 34 | 5 | 36 | 6 | 37 | 7 |
| 1974 | 昭和 49 年 | 38 | 9 | 37 | 8 | 38 | 9 | 39 | 10 | 41 | 11 | 42 | 12 |
| 1975 | 昭和 50 年 | 43 | 14 | 42 | 13 | 43 | 14 | 44 | 15 | 46 | 16 | 47 | 17 |
| 1976 | 昭和 51 年 | 48 | 19 | 48 | 19 | 49 | 20 | 50 | 21 | 52 | 22 | 53 | 23 |
| 1977 | 昭和 52 年 | 54 | 25 | 53 | 24 | 54 | 25 | 55 | 26 | 57 | 27 | 58 | 28 |

| 西暦 | 元号 | 1月 | 2月 | 3月 | 4月 | 5月 | 6月 | 7月 | 8月 | 9月 | 10月 | 11月 | 12月 |
|---|---|---|---|---|---|---|---|---|---|---|---|---|---|
| 1978 | 昭和 53 年 | 59 | 30 | 58 | 29 | 59 | 30 | 0 | 31 | 2 | 32 | 3 | 33 |
| 1979 | 昭和 54 年 | 4 | 35 | 3 | 34 | 4 | 35 | 5 | 36 | 7 | 37 | 8 | 38 |
| 1980 | 昭和 55 年 | 9 | 40 | 9 | 40 | 10 | 41 | 11 | 42 | 13 | 43 | 14 | 44 |
| 1981 | 昭和 56 年 | 15 | 46 | 14 | 45 | 15 | 46 | 16 | 47 | 18 | 48 | 19 | 49 |
| 1982 | 昭和 57 年 | 20 | 51 | 19 | 50 | 20 | 51 | 21 | 52 | 23 | 53 | 24 | 54 |
| 1983 | 昭和 58 年 | 25 | 56 | 24 | 55 | 25 | 56 | 26 | 57 | 28 | 58 | 29 | 59 |
| 1984 | 昭和 59 年 | 30 | 1 | 30 | 1 | 31 | 2 | 32 | 3 | 34 | 4 | 35 | 5 |
| 1985 | 昭和 60 年 | 36 | 7 | 35 | 6 | 36 | 7 | 37 | 8 | 39 | 9 | 40 | 10 |
| 1986 | 昭和 61 年 | 41 | 12 | 40 | 11 | 41 | 12 | 42 | 13 | 44 | 14 | 45 | 15 |
| 1987 | 昭和 62 年 | 46 | 17 | 45 | 16 | 46 | 17 | 47 | 18 | 49 | 19 | 50 | 20 |
| 1988 | 昭和 63 年 | 51 | 22 | 51 | 22 | 52 | 23 | 53 | 24 | 55 | 25 | 56 | 26 |
| 1989 | 平成 1 年 | 57 | 28 | 56 | 27 | 57 | 28 | 58 | 29 | 0 | 30 | 1 | 31 |
| 1990 | 平成 2 年 | 2 | 33 | 1 | 32 | 2 | 33 | 3 | 34 | 5 | 35 | 6 | 36 |
| 1991 | 平成 3 年 | 7 | 38 | 6 | 37 | 7 | 38 | 8 | 39 | 10 | 40 | 11 | 41 |
| 1992 | 平成 4 年 | 12 | 43 | 12 | 43 | 13 | 44 | 14 | 45 | 16 | 46 | 17 | 47 |
| 1993 | 平成 5 年 | 18 | 49 | 17 | 48 | 18 | 49 | 19 | 50 | 21 | 51 | 22 | 52 |
| 1994 | 平成 6 年 | 23 | 54 | 22 | 53 | 23 | 54 | 24 | 55 | 26 | 56 | 27 | 57 |
| 1995 | 平成 7 年 | 28 | 59 | 27 | 58 | 28 | 59 | 29 | 0 | 31 | 1 | 32 | 2 |
| 1996 | 平成 8 年 | 33 | 4 | 33 | 4 | 34 | 5 | 35 | 6 | 37 | 7 | 38 | 8 |
| 1997 | 平成 9 年 | 39 | 10 | 38 | 9 | 39 | 10 | 40 | 11 | 42 | 12 | 43 | 13 |
| 1998 | 平成 10 年 | 44 | 15 | 43 | 14 | 44 | 15 | 45 | 16 | 47 | 17 | 48 | 18 |
| 1999 | 平成 11 年 | 49 | 20 | 48 | 19 | 49 | 20 | 50 | 21 | 52 | 22 | 53 | 23 |
| 2000 | 平成 12 年 | 54 | 25 | 54 | 25 | 55 | 26 | 56 | 27 | 58 | 28 | 59 | 29 |
| 2001 | 平成 13 年 | 0 | 31 | 59 | 30 | 0 | 31 | 1 | 32 | 3 | 33 | 4 | 34 |
| 2002 | 平成 14 年 | 5 | 36 | 4 | 35 | 5 | 36 | 6 | 37 | 8 | 38 | 9 | 39 |
| 2003 | 平成 15 年 | 10 | 41 | 9 | 40 | 10 | 41 | 11 | 42 | 13 | 43 | 14 | 44 |
| 2004 | 平成 16 年 | 15 | 46 | 15 | 46 | 16 | 47 | 17 | 48 | 19 | 49 | 20 | 50 |
| 2005 | 平成 17 年 | 21 | 52 | 20 | 51 | 21 | 52 | 22 | 53 | 24 | 54 | 25 | 55 |

| 西暦 | 元号 | 1月 | 2月 | 3月 | 4月 | 5月 | 6月 | 7月 | 8月 | 9月 | 10月 | 11月 | 12月 |
|---|---|---|---|---|---|---|---|---|---|---|---|---|---|
| 2006 | 平成 18 年 | 26 | 57 | 25 | 56 | 26 | 57 | 27 | 58 | 29 | 59 | 30 | 60 |
| 2007 | 平成 19 年 | 31 | 2 | 30 | 1 | 31 | 2 | 32 | 3 | 34 | 4 | 35 | 5 |
| 2008 | 平成 20 年 | 36 | 7 | 36 | 7 | 37 | 8 | 38 | 9 | 40 | 10 | 41 | 11 |
| 2009 | 平成 21 年 | 42 | 13 | 41 | 12 | 42 | 13 | 43 | 14 | 45 | 15 | 46 | 16 |
| 2010 | 平成 22 年 | 47 | 18 | 46 | 17 | 47 | 18 | 48 | 19 | 50 | 20 | 51 | 21 |
| 2011 | 平成 23 年 | 52 | 23 | 51 | 22 | 52 | 23 | 53 | 24 | 55 | 25 | 56 | 26 |
| 2012 | 平成 24 年 | 57 | 28 | 57 | 28 | 58 | 29 | 59 | 30 | 1 | 31 | 2 | 32 |
| 2013 | 平成 25 年 | 3 | 34 | 2 | 33 | 3 | 34 | 4 | 35 | 6 | 36 | 7 | 37 |
| 2014 | 平成 26 年 | 8 | 39 | 7 | 38 | 8 | 39 | 9 | 40 | 11 | 41 | 12 | 42 |
| 2015 | 平成 27 年 | 13 | 44 | 12 | 43 | 13 | 44 | 14 | 45 | 16 | 46 | 17 | 47 |
| 2016 | 平成 28 年 | 18 | 49 | 18 | 49 | 19 | 50 | 20 | 51 | 22 | 52 | 23 | 53 |
| 2017 | 平成 29 年 | 24 | 55 | 23 | 54 | 24 | 55 | 25 | 56 | 27 | 57 | 28 | 58 |
| 2018 | 平成 30 年 | 29 | 60 | 28 | 59 | 29 | 60 | 30 | 1 | 32 | 2 | 33 | 3 |
| 2019 | 平成31年/令和元年 | 34 | 5 | 33 | 4 | 34 | 5 | 35 | 6 | 37 | 7 | 38 | 8 |
| 2020 | 令和 2 年 | 39 | 10 | 39 | 10 | 40 | 11 | 41 | 12 | 43 | 13 | 44 | 14 |
| 2021 | 令和 3 年 | 45 | 16 | 44 | 15 | 45 | 16 | 46 | 17 | 48 | 18 | 49 | 19 |

〈表２〉

| | |
|---|---|
| 運命数が 1 ～ 10 | 月龍（P166～） |
| 運命数が 11 ～ 20 | 地龍（P169～） |
| 運命数が 21 ～ 30 | 水龍（P172～） |
| 運命数が 31 ～ 40 | 火龍（P175～） |
| 運命数が 41 ～ 50 | 風龍（P178～） |
| 運命数が 51 ～ 60 | 空龍（P181～） |

六龍法では生年月日をもとに自分の龍がひとつ決まりますが、誰しも、すべての龍の性質を兼ね備えています。自分の中に眠るすべての龍の性質を輝かせることが最終ゴールになりますので、ほかの龍の説明も、ぜひ読んでみてください。

毎月１～９日までに生まれた人は前月になる場合があります。
正確な六龍を知りたい人は https://rokuryuho.com/「六龍法」で検索するか、
P162 の QR コードから調べてください。

# 月龍《げつりゅう》

## 緻密な思考で人を助ける天才肌の戦略軍師

### 月龍の基本性質

月龍の人を例えるなら、月がぽっかり浮かび、星がきらきらと輝く夜空。心のなかは闇夜であるため、疑い深い性格。いったん物事を考え出すと、とことん突き詰めて、美しい答えを出そうとする完璧主義者です。それゆえ月龍は、知恵の星ともいわれています。直観力に優れると同時に、考えることが得意。思想家や哲学者のような面を持ちます。最悪のケースを常に想定する月龍は、危機管理能力にすぐれています。

また、月にはオモテとウラがあるように、月龍には光と闇の二面性があります。一見、大胆に見えますが、中身はデリケートで繊細な人が多いのが特徴。人に見せる面は明るくても、家に帰ると別人のように暗い……というのも、月龍にはよくあることです。

月龍の人が、「自分はなんでこんなに暗いんだろう……」と悩むことがありますが、これはあまり気にする必要はありません。月龍の暗く見える面は、その思慮深さゆえのもの。世間一般では明るい性格が良しとされがちですが、月龍は「暗くていいんだ！」くらいの気持ちでいきましょう。

ただ、服の色は明るい色がおすすめです。

**月龍の開運ポイント**

月龍は完璧主義であるがゆえに、現状に不満を抱きやすい傾向にあります。そのまま不安な気持ちの方へ傾くと、小さな疑問からネガティブ思考がふくらんでいき、過去への後悔、人への疑心暗鬼が止まらなくなることもあります。逆に、改良改革の方へ気持ちを向けると、人々に素晴らしいアイデアやヒントなどを与える人になっていきます。

仕事でも完璧さを求める傾向があり、人に仕事を任せて中途半端にされるのを嫌うため、人を頼れなくなりがちです。また「正解を見つけてから行動したい」と考えることから、周りからは優柔不断《ゆうじゅうふだん》な人に思われることも。けれど、何ごとも「完璧はない」と思えるようになり、人に完璧を押し付けなくなるほど、自分一人で抱え込むことがなくなって、その思慮深さが活かされるようになっていきます。

月龍の開運ポイントは、高い理想や志を一点、定めること。

目標が明確になるほど、月星のきらめき（明るさ）と、夜空のもつ静けさ（思慮深さ）の両面が活かされて、積極性と行動力が発揮されていきます。その才能が発揮されれば、現状を改良改革するアイデアマンとして、周りを豊かにする存在になれるのです。

**月龍の開運の言葉**

**「わたしは、この世は循環で成り立っていることを知っています。目に映る世界は、目に見えないエネルギーが現象化したものであり、姿形《すがたかたち》が失われたものも、この循環をめぐり、かならず良い未来となって返ってきます」**

この開運の言葉を宣言することで、目指すべき理想像に向かって徹底的に考える月龍の長所が発揮され、生まれ持った才能が開花します。

月龍は疑い深い性格であるがゆえに、なかなか形のないものを信じることができません。けれどP86の循環図にあるように、形あるもの（物質や現象）と、形のないもの（エネルギー）は、本質的につながっています。そのことを理解した月龍は、形あるものが失われる不安に襲われることなく、未来に希望を持つことができるようになります。

# 地《ち》龍《りゅう》

## 大地のような安心感で信頼を集める理想のリーダー

### 地龍の基本性質

すべてを支えている大地に象徴される地龍は、人を惹《ひ》きつける不思議な引力の持ち主。気配りとサービス精神に長《た》けた現実主義者。

つねに物事をさまざまな側面から考え、全体のバランスを整えながら進めていく実行力があります。

大地は、多くの命を支える縁の下の力持ち。ところが、大地がその存在を主張すると、地震や地滑りのように、多くの被害をもたらす災害となってしまいます。地龍も同様に、自分が目立とうとするよりも、まわりを支えていくことで長所が発揮されます。

### 地龍の開運ポイント

地龍は、まわりの信頼を得ることが開運のポイントです。

もともと地龍の人は、注目を集めたいという欲求を秘めていて、それが悪い方向に出るとまわりの気を引くような行動ばかりとってしまいます。けれど、その存在感がいい方向に発揮されると、頼れるリーダーになることができます。自分が目立とうとするのではなく、まわりの人を応援して、活躍の舞台を作ってあげる。それが地龍のリーダーシップです。

地龍は細かい気配りができるだけに、他人のいいところも、悪いところも、よく目につきます。あらさがしをするのではなく、人をほめるよう意識することが必要です。

地龍の特徴として「なかなか自分の気持ちを外に出せない」「わざわざ言葉にしなくても気持ちをわかってほしい」と思い悩んでしまうところがあります。しかし、自分の素直な気持ちをきちんと言えるようになることで、本来の良さが花開きます。

また、ブランドや地位など、目に見える結果にとらわれがちですが、表面的な形ばかりにこだわらないようにしましょう。地面の上に何が乗っているかよりも、大事なのは大地の中に蓄えられている目に見えない養分です。

栄養がたっぷり含まれた土があることによって、木々や植物、動物の命が育まれるのと同じように、心が豊かな地龍のまわりには、活気に満ちた人間関係が築かれていくのです。

**地龍の開運の言葉**

**「わたしは、生まれた瞬間から、神様に愛されています。宇宙に愛されています。わたしも、神様を愛しています。宇宙を愛しています。わたしはこれからも、ずっと愛の中にいます」**

この開運の言葉は、注目を集めたいという、地龍の根源的な欲求が悪い形で出ることを防いでくれます。

愛で満たされた地龍は、自分が目立とうとするのではなく、つねに周りのことを考えられるようになります。

それが結果として、信頼を勝ち得ることにつながり、地龍の本質が輝きだします。

# 水龍《すいりゅう》

## 冷静さと情熱を兼ね備え
## 美しく物事をまとめる賢者

**水龍の基本性質**

「物事を水に流す」と言うように、キレイに終わらせる、まとめる、完成させる資質をもっているのが水龍。有終の美を飾ることが役割です。子どものころからどこか大人びた性格で、全体の流れを読む冷静さと、愛に溢《あふ》れた情熱の二面性を持ち合わせています。中性的な人が多く、男性なら柔らかい雰囲気、女性ならサバサバとして男性的な雰囲気を持っているのも特徴です。

また、水龍の人には独特の美意識があり、自分のこだわりを大切にします。

そのこだわりが、「誰かを幸せにするため」に向かうと、本来の魅力が引き出されて、いっそう輝きます。その美しい生きざまが、人々の心を打つのです。

**水龍の開運ポイント**

水龍は、流れる水のように、物も、お金も、エネルギーも、まわりに循環させていくことで、開運していきます。一方、水は流れが滞るとよどんでしまうように、守りに入ってしまうと運が停滞します。水龍の安定志向が行き過ぎると、過去の栄光にすがりつく「ガンコじじい」のようになって成長が止まってしまうのです。

自分のこだわりを大事にしすぎるがゆえに、「自分のペースを守りたい」「自分はこうだから……」という思い込みに縛《しば》られてしまうことも。そこで、言い訳をしたり、自分を責めたり、他人に難癖《なんくせ》をつけたりと、心が濁るような生き方をしていると、水龍の本質から遠ざかってしまいます。

水龍が開運するには「美しさ」にこだわることが大事です。

最も大切なのは、生き方の美しさです。

水龍は、過度に失敗を恐れて、挑戦をあきらめてしまいがちです。けれど、美しい生き方には失敗がつきものです。壁にぶつかった体験、別れ、失恋、学び、裏切り、挫折……といった悲しみを知ることによって、水龍の美意識がさらに磨かれます。すると、まるで人生を悟ったかのような、落ち着きが生まれていきます。「イザとなったら、あの人に頼ればなんとかしてくれる！」という、頼もしさと安心感を与える存在になるのです。

**水龍の開運の言葉**

**「わたしは、今日も太陽が昇っているから大丈夫です。踏みしめる大地があるから大丈夫です。思いを向ける（向けてくれる）人がいるから大丈夫です。この肉体を感じるから大丈夫です」**

水龍の人が身につけるべきは、〝根拠なき自信〟です。
この開運の言葉を宣言することで、新しいことにチャレンジする勇気が湧《わ》いてきます。
「今日もいい一日になる」と、理屈抜きに思えたら、それだけで水龍の人は大きな安心に満たされて、まわりの人すらもその優しさで包み込むことができるのです。

# 火《か》龍《りゅう》

## 純粋な感性と熱い生き様で人の心を照らす英雄

**火龍の基本性質**

火龍のエネルギーは、熱く燃える炎。大人になっても、子どものような無邪気さを持ち合わせる人です。命が燃え尽きても後悔のないくらい、夢中になれる何か、人生を懸《か》けられる何か、情熱的になれる何かを見つけたいという、熱い衝動を持っています。

太陽が照ると、光と影ができるように、火龍の人は「真面目《まじめ》型」と「奔放《ほんぽう》型」の2タイプに分かれます。

真面目型は、誠意があって道徳的。神経は細やかで行動も慎重。「規則は規則」とルールを徹底的に守ります。まわりの人や世間が中心で、まわりの人の反応を見ながら自分の行動を変えていきます。

一方、奔放型は、型破りでとにかく自由奔放。本能的で、人目を気にせず大胆な行動をとります。世間の常識やルールを逸脱することを気にしません。

いずれにしても、極端な性格で、良くも悪くも波乱万丈《はらんばんじょう》な人生になりがちなのが火龍の特徴。心を惹《ひ》かれたものには、100％没入し、染まります。仕事でも恋愛でも趣味でも、レンズで集めた光のように、人の3倍の集中力を発揮して一直線に突き進めるのが強みです。

**火龍の開運ポイント**

情熱に燃えていない火龍は、本来の姿ではありません。「今ここ」に夢中になれる何かがあると、やる気・モチベーションを燃やして目の前のものごとに取り組むことができ、火龍らしさが引き出されます。

火龍は子どものような性質を持ちますから、ちょっとわがままでナルシストなくらいがちょうどいいといえます。その部分を抑え込みすぎると、火龍の良さまで失われてしまいます。夢中で打ち込める何かを見つけることが開運ポイント。それにむかって一心に突き進む姿は、周囲の心まで明るく元気づけます。わがままですら、魅力に変わるのです。

ただし、ピュアな心が失われると、とたんに調子が悪くなり、方向性を見失ってしまいますので要注意。純粋さを忘れないことが大切です。

より魅力的になるには、日々勉強を重ねていくことが肝心。子どものような心を学問によって成熟させることで、厚みがプラスされます。一生懸命に打ち込める分野の学びを深めていくとよいでしょう。

火龍ならではの熱さに、知性が加わったときに発揮される抜群の感化力は、どんな人の心をも動かします。

**火龍の開運の言葉**

**「わたしは、いつ何時《なんどき》も、まわり人への感謝を絶やしません。わたしは、うまくいったときほど、謙虚《けんきょ》さを忘れません。今のわたしがあるのは、みなさまのおかげです。ありがとうございます」**

この開運の言葉を宣言することで、調子に乗ることなく、感謝の心を保つことができます。夢中になれることを見つけたら、熱く燃えられるのが火龍ですから、まわりへの感謝さえ忘れなければ、いつも輝いていられるのです。

## 風龍《ふうりゅう》

**大きな役目を成し遂げる大胆で愛される革命家**

### 風龍の基本性質

風龍の役割は、まるで風のように、人の思いやエネルギーを、遠くへ運び届けることです。誰かが始めたことを受け継ぎ、次の人に渡す。誰かのアイデアを受けて、持ち前の実行力で発展させて、次の人へバトンを渡していく宿命をもちます。書いたり、話したり、様々な方法で表現をする職業に就《つ》く人が多いのも特徴です。

性格はおおらかで楽天的。明るく元気、ノリの良さも抜群なので、人から愛される素質があります。人間関係のなかにポジティブな風を送り込んで、ネガティブで暗い雰囲気を吹き払う役割も果たします。

### 風龍の開運ポイント

風龍に必要なのは、10年スパンで遠い未来をイメージすることです。風が、方向性が定まらなければどこへも向かうことができないのと同様に、風龍も大きな目的やビジョンがなければ進むべき道が見えずに停滞してしまい、人生が始まりません。

風龍の得意分野は、流れに乗って勢いをつけることです。少々つらいことがあっても、気丈《きじょう》に乗り越える強さが発揮されると、まわりの人にとっての追い風になります。

ところが、過ぎ去ったことを「あれで良かったのかな」「どうしてああなってしまったんだろう」と、ぐるぐる思い返していると、竜巻や突風が周りをなぎ倒してしまうように、まわりに迷惑をかけてしまいがち。風龍の良さが失われ、運が悪くなってしまいます。目先のこと、些細《ささい》なことにとらわれず、明るい未来を信じて勇ましく進むことが、風龍の開運の秘訣です。

また、感情に振り回されると、とたんに調子が悪くなりがちです。人にほめられたり、認められたりする気持ちよさに酔って、ビジョンを見失ってしまわないよう、注意がいります。

風は、そのパワフルなエネルギーを、いかにコントロールするかが開運のカギになります。自分自身で内省するのはもちろん、ズレていたらまわりからも指摘してもらえる環境に身を置くことが大事。やる気に火をつけてくれるアクセル役と、調子に乗ってしまったときに止めてくれるブレーキ役の両方が必要です。
意気投合して盛り上がれる相手だけでなく、時に耳の痛いことを言ってくれる人の意見も聞くようにしましょう。

**風龍の開運の言葉**

**「わたしは、今日も生きています。この命を支えてくれた方々、この命を受け継いでくれたご先祖様は、わたしにとって神様です。私の人生は神様とともにあり、光に満ちています」**

この開運の言葉を宣言することで、未来への確信が生まれます。大きな目的やビジョンに向かって、進んでいるイメージを持つことで本来の風龍らしく、人生を雄々《おお》しく歩んでいくことができるでしょう。

# 空龍《くうりゅう》

## 揺るぎない勇気と信念で
## 無から有を生む開拓者

### 空龍の基本性質

空龍が持つエネルギーは、無から有を生む、「はじまり」のエネルギー。自然にたとえれば、空に昇る朝日です。ゼロから新しいことを始めるのが得意で、創始者やクリエイターの気質があります。独立することで開運する宿命をもつため、六龍の中で最も起業家が多いことも特徴のひとつ。

基本的な性格は、朝日のように明るく前向きで活発。人が集まる場にいれば、率先《そっせん》して場を盛り上げるタイプです。まじめでウソがつけない正直者で、まわりの意見に左右されず、粘り強く努力できる職人肌でもあります。

大胆かつ素直で、「これ！」と決めたら、玉砕覚悟《ぎょくさいかくご》で飛び出せる勇気の持ち主。先が読めなくても踏み出せる。いい意味での、無鉄砲さがあるからこそ、はじまりを作ることができるのです。

## 空龍の開運ポイント

「無から有を生む」ことを宿命としますから、自分自身が〝無〟であることが肝心です。何かに依存したり、執着していると、はじまりのエネルギーが開花しません。そういう意味で、すべての龍のなかで、もっとも自立心が大切になります。親、家系、目上の人への依存心を断ち、自分の足で立つこと。だれかに教えられた借り物の目標ではなく、自分自身で信念の旗を打ち立てることが開運のポイントです。

新しく物事を始めるにあたっては、自分の信じる道を突き進むことも大切ですが、エゴにとらわれてしまうと、まわりの意見に耳を貸さないガンコ者になってしまいます。聞く耳を持たない空龍は、目上の人から「かわいげがない」印象を持たれてしまい、それによって人から嫌われたり、モテなくなってしまったり、面倒な相手だと思われたりと、人間関係が悪くなってしまいます。

自分のこだわりを大切にしすぎると、人とぶつかることが多くなってしまいます。それによって失うものがあることも覚えておきましょう。人に自分の価値観を押しつけてしまわないよう、注意が必要です。柔軟性を身につけて、どんな人に対しても謙虚になって、素直な気持ちで学ぶことが開運のカギです。

まわりへの感謝さえ忘れなければ、揺るぎない勇気と信念が武器となり新しい世界を切りひらく開拓者になれます。

**空龍の開運の言葉**

**「わたしは、すべての出来事を、神様からいただいたチャンスと捉え、どんなことも喜んで乗り越えます。すべての人を、自分を教え導いてくれる先生と思い、どんな人からも学びます」**

空龍は人に依存せずとも自分で物事を推《お》し進めていくことができるだけに、時に傲慢《ごうまん》になったり、「自分ばっかり大変な思いをしている」と、不満を溜めたりしてしまうこともあります。

そのようなときでも、この開運の言葉を宣言することで、目上・目下を問わず、すべての人に感謝して、謙虚に学ぶ姿勢が身につきます。

# おわりに

最後に。強運な人になるために、いちばん大事なことがあります。

**“不運”すら、愛せるようになることです。**

わたしは、北極老人と出会う前に、実はとんでもない粗相《そそう》をしたことがあります。かんたんに言うと、北極流の占いを、ちゃんと教わりもしていないのに勝手に使って、大迷惑をかけたのです。

兄弟子の羽賀さんから、初めて「北極流占い」を教わったとき、わたしは衝撃を受けました。生年月日を見るだけで、人の性格や、運命までもが、手にとるようにわかるのですから。しかも、手相も組み合わせたら、さらに精密に相手のことがわかる。これは、自分のビジネスに活かさない手はない、と思ったのです。

当時のわたしは、恋愛に悩む男性のコンサルをしていたので、軽い気持ちでそこに占いを取り入れました。すると、より緻密《ちみつ》なアドバイスができるようになって、今まで何時間もかかっていた相談が、30分くらいで済むようになりました。これはスゴイ！　と、まるで魔法でも手に入れたかのような気分でした。すっかり調子に乗ったわたしは、あろうことか、羽賀さんに無断で手相の講座をはじめてしまったのです。

すると、その日から、わたしも妻も、謎の体調不良に襲われるようになったのです。まるで、バチが当たったかのように、2人とも蕁麻疹《じんましん》が出てきて、医者に行っても原因不明。さらに妻は、目のまわりがボッコーッと腫《は》れあがり、まるでお岩さんのように。それが日に日に、酷《ひど》くなっていくのです。もう、怖くて怖くてたまらなくなりました。

「なんか、ヤバいことやっちゃったのかな……」

居ても立っても居られなくなり、羽賀さんに助けを求めました。すると、会って話を聞いてくれることになり、わたしは正直にあらましを伝えたのです。

羽賀さんは、真剣な顔で言いました。

「相原さんは、占いというものが、どれだけ人の人生を左右するのか、わかってますか？　聞きかじった知識で、プロみたいにお金をもらって、他人の人生に口出しをする。それって、まるで無免許の医師が、外科手術するくらい危険なことなんですよ。相手の人生を狂わせたら、どうするつもりですか？」

さすがの私も、やっと事《こと》の重大さを認識しました。

「そんなつもりじゃなかったんです！　本当にごめんなさい！」

取り乱すわたしの横で、妻も号泣していました。羽賀さんは呆《あき》れつつも、その場で北極老人に電話をして、相談をしてくれたのです。

「落ち着いて、よく聞いてくださいね。今回の件は、北極老人にも伝えました。そしたら北極老人は、もうこのことを感づいていたそうで、相原さんが相談に乗った方々に禍《わざわい》が広がることのないよう『神様に頼んでおいた』とのことでした。ただし、過《あやま》ちがチャラになることはありませんから、その講座は中止にして、ちゃんと申込者の方にも、そして神様にも、心から謝ってください。そうすれば、その体調不良も治《おさ》まるはずです」

そして、北極老人が用意してくれた、とある祝詞《のりと》を手渡されました。

羽賀さんから「このような場合は、神様に対して〝宣《の》り直し〟が必要です。〝宣《の》る〟とは、神様へ言葉を届けることです。それを〝やり直す〟ことで、過ちを正すのが〝宣り直し〟です」と教わりました。

もう、ワラにもすがるような気持ちです。わたしはその夜、祝詞を唱え続けました。その翌朝、妻と顔を見合わせたときのことです。

「すごい！　顔の腫《は》れが引いてる！」

不思議なことに、目の腫れも、蕁麻疹も、きれいサッパリ消えたのです！

安心のあまり思わず涙がこぼれ、妻の笑顔が、こんなに愛《いと》おしく見えた日はありませんでした。わたしは、すぐに羽賀さんにお礼の電話をしました。

そして、その電話の最後に、こう言われたのです。

「あっ、そういえば、北極老人に昨日のことを報告したとき、ポロッとこんなことを言っていましたよ」

そこで聞かされた北極老人の一言は、あまりに、あまりにも意外な、言葉だったのです。


**「彼はきっと、いい占い師になる」**

北極老人はわたしに対して、そう言ってくれていたのだと。こんなアホなわたしに、どうして⁉　すぐには理解できませんでしたが、ただただ感謝がこみ上げました。

北極流の占いは、そんじょそこらの占いではありません。北極老人が、青年時代から血のにじむような努力を重ね、立派な家が建つほどのお金を研究に費やし、数万冊の本を読破し、さらに、数千件の悩み相談に乗り続けた末に、ようやく到達された真理——それが「北極流占い」なのです。

それほど価値があるものを、勝手に使って迷惑をかけた自分なのに……、それもすべてわかった上で、北極老人は、わたしの未来に光を見出してくれた。

これは絶対にお会いして、お礼を伝えなければ、と思いました。

そして、念願叶って、その年のクリスマスに、わたしと妻は、北極老人と運命の出会いを果たすことになったのです。

今、思い起こしても、「本当に自分って、どうしようもないアホだったな」

と恥ずかしくなります。でも、今のわたしがあるのは、紛《まぎ》れもなくこの事件のおかげです。そして、この一連の出来事は、かけがえのない思い出として、生涯忘れることはないでしょう。

ことほどさように人生は、不運と幸運、ピンチとチャンス、闇と光とが、表裏一体にあるのです。

だから、どんなときも立ち止まることなく、ノリよく過ごしていたら、不運が幸運に転じて、ピンチがチャンスに変わる瞬間が、必ずやってきます！

もし、未来が信じられなくなったら、第5章の六龍別の「開運の言葉」を、繰り返し、何度も、唱えてみてください。これは北極老人から教わった、人生の闇を光に変える、魔法の言葉ですから。

あなたのご開運を、心からお祈りしています。

相原康人

## 著者紹介

**相原康人**　占術家。北極流「六龍法占い」継承者。1985年、徳島県生まれ。大学在学中に恋愛をテーマにした情報発信で起業したビジネスが成功するも、物質的成功だけでは心が満たされないことを知る。次のステージを求めて参加したセミナーで北極老人の存在を知ったことから運命の流れが激変。一年後には妻とともに北極老人に弟子入りし、口伝で占いの秘伝を学ぶ。
本書では、日々の占い鑑定や北極老人から受け継いだ英知をもとに、誰もがすぐに始められる開運のコツをまとめた。
YouTube「六龍法占いチャンネル」も配信中。

六龍法サイト
https://rokuryuho.com/

運《うん》の強《つよ》さはすべてノリ《〈宣言〉》で決《き》まる！

2021年6月15日　第1刷
2021年6月30日　第2刷

著　者　相《あい》原《はら》康《やす》人《と》
発行者　小澤源太郎

責任編集　株式会社 プライム涌光
電話　編集部　03(3203)2850

発行所　株式会社 青春出版社
東京都新宿区若松町12番1号 〒162-0056
振替番号　00190-7-98602
電話　営業部　03(3207)1916

印刷　共同印刷　　製本　フォーネット社

万一、落丁、乱丁がありました節は、お取りかえします。

ISBN978-4-413-23209-8 C0095

アパ社長カレーの野望
自分で風を起こし　その風に乗れ
元谷 拓

自分の中の「親」を浄化する本
親子呪縛を今こそ、解き放つ――
原田真裕美

思考実験が教える
あなたの脳の鍛え方
「強み」と「弱み」を知ると思考の幅が広がる
北村良子

大学受験
試験にでる小論文
「10大テーマ」の受かる書き方　最新版
樋口裕一　山口雅敏

部下を育てるテレワーク
新しい上司の教科書
片桐あい

## 青春出版社の四六判シリーズ

「独学」で人生を変えた
僕がいまの君に伝えたいこと
千田琢哉

元捜査一課刑事が明かす手口
スマホで子どもが騙される
佐々木成三

保健室から見える
親が知らない子どもたち
大人が気づかない、意外なこころの落とし穴
桑原朱美

心療内科医が教える
疲れた心の休ませ方
「3つの自律神経」を整えてストレスフリーに！
竹林直紀

あなたの意のまま願いが叶う☆
クォンタム・フィールド
神秘とリアルをつなぐ量子場の秘密
佳川奈未

他人に気をつかいすぎて疲れる人の心理学
こんなにやっているのに、なぜ分かってくれないんだろう…
加藤諦三

たった1秒！韓国語つぶやきレッスン
使える文法とフレーズの基本が面白いほど身につく
たろん

回想脳 脳が健康でいられる大切な習慣
瀧　靖之

ひといちばい敏感な子
「個性」を生かして幸せな未来をつくるために親ができること
エレイン・N・アーロン　明橋大二［訳］

子宮内フローラを整える習慣
「妊活スープ」で妊娠体質に変わる
古賀文敏

## 青春出版社の四六判シリーズ

大人になっても思春期な女子たち
大美賀直子

人生、降りた方がいいことがいっぱいある
清水克彦

気もちの授業
つい頑張りすぎてしまうあなたへ
腰塚勇人

仕事ができる人の話し方
阿隅和美

独立から契約、保険、確定申告まで
フリーランス六法
フリーランスの働き方研究会　一森礼央・萩口義治［監修］